苏东坡全传

吴牧宸 著

图书在版编目（ＣＩＰ）数据

苏东坡全传 / 吴牧宸著 . -- 北京 : 台海出版社，
2023.10

ISBN 978-7-5168-3642-2

Ⅰ . ①苏… Ⅱ . ①吴… Ⅲ . ①苏轼（1036-1101）－
传记 Ⅳ . ① K825.6

中国国家版本馆 CIP 数据核字 (2023) 第 170883 号

苏东坡全传

著　　者：吴牧宸

出 版 人：蔡　旭　　　　　　　　　封面设计：嫁衣工舍
责任编辑：曹任云

出版发行：台海出版社

地　　址：北京市东城区景山东街 20 号　　邮政编码：100009

电　　话：010-64041652（发行，邮购）

传　　真：010-84045799（总编室）

网　　址：www.taimeng.org.cn/thcbs

E - mail：thcbs@126.com

经　　销：全国

印

序言：人生挚友苏东坡

　　苏东坡一生的际遇坎坷跌宕，但他把满目的疮痍酿成了一盅醉人的美酒。

　　这份达观，成就了林语堂先生笔下那个"无可救药"的乐天派，哪怕穷困潦倒，哪怕身陷囹圄，他总能一次次地涅槃重生。

　　在你萎靡不振、自暴自弃时，他可以谆谆告诫："古之立大事者，不惟有超世之才，亦必有坚忍不拔之志。"转过身，自己被贬，却又"夜饮东坡醒复醉"，还要憋闷地自嘲："敲门都不应，倚杖听江声……小舟从此逝，江海寄余生。"

　　在你华发初生，还一事无成，得过且过之际，他手持刀剑鼓舞你："老夫聊发少年狂……鬓微霜，又何妨……会挽雕弓如满月，西北望，射天狼。"

等到热血在你胸腔里奔腾欲出时，却又发现他扛着锄头"吭哧吭哧"地垦田种地，还要叹一声："都是斜川当日境，吾老矣，寄余龄。"

正如他自己所言："世事一场大梦，人生几度新凉。"可悲过，痛过，怨过之后，他并没有就此得过且过，而是重拾勇气，于泥泞里，于盛誉中，坚守内心的本真，用耀眼的才华，以通达的乐观，怒吼一句："谁怕！一蓑烟雨任平生。"为自己写就传奇的一生。

目 录

第一章

眉山苏氏

陈正敏在《遁斋闲览》中说，丰城有一古稀老人，娶了个如花美眷。美眷生子时，老人请苏轼作诗添喜，苏轼了解了详情后，却作诗云："圣善方当而立岁，乃翁已及古稀年。"

苏轼嘲笑人家老牛吃嫩草，孰料后来却纳了比自己小二十五岁的朝云为妾，并视朝云为红颜知己。

余光中通读古今名人传记后，曾感慨：如果要去旅行，我不要跟李白在一起，他这个人不负责任，没有现实感；跟杜甫在一起呢，他太苦哈哈了，恐怕太严肃；而苏轼就很好，他可以做一个很好的朋友，他是一个很有趣的人。

有趣的灵魂，不但舌灿莲花，而且幽默风趣。

元祐年间的某一日，苏东坡下朝归来，拍着自己的大肚皮，问家眷们："你们都来猜猜，我这肚子里装了些什么？"

有婢女说："是学问。"

苏轼高深莫测地摇头。

另一婢女道："是文章。"

苏轼再次老神在在地摇摇头。

解语花朝云转了转乌溜溜的眼珠子，笑言："这里面装的呀，是满肚子的不合时宜。"

闻言，苏东坡赞道："知我者，唯有朝云也。"

有趣的苏轼，身上披挂的荣耀很多，他是文豪大家，一生写就诗词佳篇无数；他是"旅游达人"，二十一岁入仕后，足迹遍布大江南北；他是宋朝第一美食大家，因为爱吃，由此发明了诸多菜式；他是"花花公子"，流连于万花丛中，却情深义重；他是水利工程师，一生疏浚、筑堤多处，著名的"苏堤"便是出自他之手。

他出生于峨眉山脚下一个不起眼的小县城——眉山，其名头却与父亲、弟弟一起通南彻北，馨香百世。"一门三杰"的荣耀，不仅被世人称颂，还使得眉山这个旮旯之地，名扬天下。

苏轼的祖父苏序是个乐善好施的小地主，不爱书香爱农耕——守着几亩稻田，精心侍弄。

遇到丰年时，他并不将多余的粮食卖掉，像别的豪绅那般买仆置产，吃山珍海味，而是把打下的稻谷换成粟米，自己仍住在老屋里。

乡人不解，问他何故？苏序也只是笑而不语。直到遭遇荒年，他将丰年时所换的粟米，尽数分发给受灾的乡民们，帮大家度过叫苦连天的时节，大家才明白他未雨绸缪的远见。

除了慷慨大方，苏序还身怀侠义。

淳化四年（993），王小波、李顺带领的农民起义军来到眉山时，城中百姓四散逃窜，二十一岁的苏序，默默地扛起兵器，以瘦弱的身板镇守山城。

其间，苏序的父亲重病过世，他一边办理丧事，一边安慰乡民们，"别怕别怕，这里很快就会好的"。

眉山果然很快归于平寂。

某些时候，侠气与勇气是相通的。遇到不平之事，苏序不仅仗义执言，还会挺身而出。

眉州有座庙，庙里供奉了一尊神明"茅将军"，庙吏便以"茅将军"之名坑蒙拐骗。古人迷信，对神明多有敬畏，哪怕受了坑骗，也只会忍气吞声。

苏序气不过，某次酒宴过后，便借着酒意，带着二十多个壮劳力，以撒酒疯的名义，砸了"茅将军"，拆了将军庙，顺带揍了骗子一顿，算是给受辱的百姓出了一口恶气。

苏序用聪明的头脑与兼济天下的大爱征服了眉山众人，再加上一副英俊的容貌，轻而易举便捕获了许多女子的芳心。

自古以来，才子与佳人乃金玉良配，高门贵女见惯了风流偶傥、学富五车的世家子，对这样一个集侠气与勇气，更兼仁心于一身的男儿自是充满了好奇。后来，苏序与豪绅史家千金结为秦晋之好，便也成了一件顺理成章的事儿。

好的夫妻关系，是互相尊重，不妄想改造对方。苏序作为独生子，一直以来随性生长，直到中年才喜欢上作诗。可尽管如此，他并不注重文采是否斐然，句子是否对仗，一切以随心、随意、随性为好，诗句重抒情表意而轻规矩修饰。在教育上，他也没有望子成龙的雄心，而是秉承着开放自由的教育理念，尊重子女的性情，让他们自在成长。

也许正是这种良好的生活环境和自由的教育方式，为苏家，也为后世，培养出了盛贯南北的"一门三杰"。

川蜀归依大宋之前，蜀地无人出仕。而宋朝重文轻武甚至抑武崇文的出仕制度，也让这片多出英雄好汉而少文墨才子的地界更显贫瘠。

天子为巩固皇权，文臣为压倒武将，无不尽力提高文官的待遇，文人们只要通过省试、殿试的考核，便会被授予官职。

除此之外，当时最具分量和权威的一国之君——宋真宗赵恒，为了文学艺术的弘扬与传承，亲自写了一首《励学篇》，鼓励百姓们勤学苦读。

富家不用买良田，书中自有千钟粟。

安居不用架高堂，书中自有黄金屋。

出门莫恨无人随，书中车马多如簇。

娶妻莫恨无良媒，书中自有颜如玉。

男儿欲遂平生志，五经勤向窗前读。

其中，"书中自有黄金屋"和"书中自有颜如玉"这两句流传至今，浅显、直白地诠释了勤学苦读便能获得璀璨未来的理念。

在发现大儿子苏澹和二子苏涣喜好读书后，苏序也响应号召，督促两个儿子努力读书。反观小儿子苏洵，直接长成了第二个苏序。

年少的时候，苏洵仗着优渥的环境，不爱读书。在两个哥哥纷纷进士及第、封官戴帽，就连老爹苏序也"父凭子贵"获得了诰封之后，他依然整日里游手好闲，最大的梦想是游遍锦绣山河。

可惜世事难料，不久后，他家已无多余的钱财供他挥霍。

在外人眼中，他七岁受蒙，虽然聪敏，但不如两个哥哥好学。如果是一般家庭，眼看着两个儿子勤学好问，另一个只会招猫逗狗，早已棍棒伺候了。

可因着苏家大家长的平和心态，愣是任由苏洵肆意疯长成了他自己喜欢的模样。而且苏洵继承了父亲的好眼光，娶到了一位好妻子——大理寺丞程文应的千金。

司马光在《苏主簿夫人墓志铭》中，赞誉其夫人道："贫不以污其夫之名，富不以为其子之累，知力学可以显其门，而直道可以荣于世。勉夫教子，底于光大。寿不充德，福宜施于后嗣。"

程家小姐气质美如兰、才华馥比仙，又系出名门，按理说是浪子苏洵高攀不上的贵女。程家哥哥自然也是竭力阻拦，但人都有逆反心理，你越反对，她越是固执己见。

程家千金哭着、闹着，不惜与哥哥决裂，也要嫁给这个"一无是处"的浪子。但她这番真情却几乎被辜负了。

婚后的苏洵仍旧当自己是那个肆意潇洒的少年郎，继续过着自己喜爱的飞鹰走狗的快活日子，丝毫不顾及妻子程氏舍弃了自己舒适的生活，以"爱情的名义"来到苏家这个陌生的环境里，那种种局促不安和小心翼翼。

婚后，苏洵依然到处闲逛游荡，不务正业。没钱了，厚着脸皮找老父亲伸手，苏序竟也不觉有什么不对。儿子要，他就给。可怜脸皮薄的程氏只能时常变卖自己的嫁妆首饰添补家用。

翌年，长女出生，但是为人父母的喜悦还未延续多久便戛然而止，女儿不满一岁就夭折了。女人因十月怀胎，母爱早已萦怀，长女早夭，程氏暗自垂泪。不称职的父亲苏洵却无法感同身受，依然我行我素。

苏洵此种行径，如若换作一般女子，怕是早已摔盆砸碗、吵闹不休了，可贤良的程氏隐忍下来，第二年又诞下一名女婴。

她硬生生地将所有的委屈都咽进了肚子里，把温情和贤惠留给了丈夫和苏家。

可苏洵不但不思进取，反而因重男轻女，在成都游荡时，用玉佩换了张张仙师的画像挂在堂前，每日焚香祈愿，心切求子。

长子苏景先呱呱坠地时，苏洵高兴坏了。但他的高兴转瞬即逝。北宋明道元年（1032），苏洵的母亲患病，久治不愈，最后撒手人寰。母亲的离世让苏洵对程氏丧女之痛终于有了实感。

与父亲安于一隅不同，苏洵的得过且过是人都会唾弃一句不思进取，但当生子的喜悦与丧母的悲痛交织成奋发向上的动力时，他又轻易地得到了程氏的谅解。

程氏听说苏洵要改过向上，喜极而泣。为了鼓励苏洵，贤内助程氏效仿孟母三迁，劝说苏洵携家带口搬出了老宅，住在城南纱縠行的一栋房子里。

没有任何人帮衬的日子里，苏洵一家的生活更加捉襟见肘。有人劝程氏伸手向阔绰的娘家求助，程氏却摇摇头。只因她顾及苏洵的名声，宁愿独自扛起生活的困苦，也不想他被冠上"软饭男"的污名。

苏洵终于有些忐忑不安，说道："我自己是很想再奋斗一番的，也有信心能高中，不过我要是两耳不闻窗外事，一心只读圣贤书，又怕断了经济来源，到时候家计艰难，日子可怎么维持下去啊？"

　　程氏安慰他："我早就希望你可以奋发读书，如今你若有了这份心思，我是最开心不过的，你只管好好读书，以后谋个好差事。别担心生计，家里有我，定能护全家周全。"

　　程氏是个女强人，这样说了，也这样去做了。纱縠行整条街都是做丝织品生意的，程氏身为女子，却为了丈夫，为了维持家用抛头露面。面对如此全心全意的妻子，苏洵很受感动，他默默远离从前声色犬马的生活，开始闭门谢客，专心在家伏案读书。

　　可惜苏洵的苦读并未换来成功的如期而至，他的两次科考均以失败告终。

　　第一次乡试落榜后，他一把火焚了旧稿子，这期间长子因病早夭，让本就贫寒的家境更是雪上加霜。苏洵此次尚且能痛定思痛，发愿来年再接再厉，可第二次又落了第，他便有点心灰意冷了。他甩甩袖子，撇下全家，踏山荡水，散心去了。

第二章

程氏教子

小时候苏轼很顽皮。

苏家在纱縠行的租处有个大院子，院子里种满了花草绿植。尤其是书房前的一片松柏竹林，是鸟儿们的乐巢。这些鸟雀在枝头嬉闹玩耍，小孩子们在树底下玩闹。玩到兴处，不知是哪个顽童流着口水提了一嘴：树上的鸟儿这时候肯定在孵蛋，这烤鸟蛋的滋味可是不常能吃到的。

于是大家呼啦啦一拥而上，上树的，赶鸟的，掏窝的，捡柴的，烧火的……

上树掏鸟窝的孩童惊动了刚刚还在嬉戏唱歌的鸟儿，鸟儿们呼啦啦拍响了翅膀，围着树枝乱飞，叫得更急躁大声了。许是闹得太过激烈，鸟儿的呼救引来了程氏，见到这群小猴儿们的动作，她严厉地批评了以苏轼为首的"熊孩子"们，并教导苏轼要爱护弱小，更以身作则地喂养鸟雀，让苏轼好好照顾家里的这群"朋友"。

经过精心的照顾和喂养，几年以后，院子中松柏树上的鸟雀们将窠臼越做越低。它们已经完全信赖苏家人了。

一天，院中飞来一只稀有的桐花凤鸟，它高扬着头颅，和松柏上的鸟雀们一一打过招呼后也将苏家庭院当作了乐园，羡煞了一众邻里街坊。传说桐花凤鸟象征着吉祥和富贵，一时间邻里众说纷纭：凤鸟入凡家，苏家日后必定显达昌盛。

苏轼无疑是幸运的，快乐无忧的童年生活，母亲以身作则、严中有慈的悉心教导，让苏轼终其一生都能够心有所依。

苏轼在年长后回忆起出身名门、性情和善的母亲时，也曾忍不住以文忆母，这篇《记先夫人不残鸟雀》，正好可拿来佐证程氏在教导孩子向善时的言传身教。

吾昔少年时，所居书室前，有竹柏杂花，丛生满庭，众鸟巢其上。武阳君恶杀生，儿童婢仆，皆不得捕取鸟雀。数年间，皆巢于低枝，其毂可俯而窥也。又有桐花凤，四五日翔集其间。此鸟羽毛至为珍异难见，而能驯扰，殊不畏人。闾里间见之，以为异事。此无他，不忮之诚信于异类也。

有野老言：鸟雀巢去人太远，则其子有蛇、鼠、狐狸、鸱鸢之忧，人既不杀，则自近人者，欲免此患也。由是观之，异时鸟雀巢不敢近人者，以人为甚于蛇、鼠之类也。"苛政猛于虎"，信哉！

当然，仅止于此的话，程氏也不会被现代媒体打造成教育专家，说"遇见程氏这样的母亲，苏轼的灵魂，始终有枝可依"，"沉甸甸的母教，浸润出一个伟大灵魂"……

据苏轼的另一篇文章——《记先夫人不发宿藏》记载，程氏在所租住的纱縠行的房子里，发现了一坛前人埋藏的宝贝。婢女和苏轼好奇想挖出来一探究竟，不仅被程氏制止住，还找人将塌陷的坑洞填埋，并谆谆告诫苏轼："君子爱财，取之有道，这种非分之财咱不能要，想要，就得靠自己双手去挣。"

这样一个光明磊落、坦荡有德之人，加上她不输男儿的治家风范，也难怪能培养出优秀的孩子了。而她的蕙心纨质，也带领着苏家一步步重新走向了坦途大道。从清贫陋室到富甲一方，从左支右绌到绰有余裕，程氏用智慧和双手为苏家重新挣回了产业和声望。

忧盛危明，安不忘危，程氏不忘苏洵年轻时因为家境优渥而不思进取的过往，因此看着这万贯家财，她更担心丰厚的经济后盾会令孩子像其父亲当初一样蹉跎年华，失去向上的积极性。

于是，程氏爽快地将家中钱财看作了"身外之物"。也许苏家向来就有这种行侠仗义、仁心御世的传统，她也像当年的苏序一样，开始散出家财。

碰到亲戚中的红白喜事，她送钱送得很爽快；遇到经济上有困难的，不等别人登门来借，她就慷慨解围，别人感激涕零要写借条，都被她回绝；看到行乞的流浪汉，更会伸出援手，帮助他们度过饥寒交迫的时日……

苏母的言传身教，她的慷慨大方，不拘小节，深深地影响了小苏轼，为他以后的为人做下了最早的表率和引导。

人格的塑造固然很重要，但是学识的增长也同样不能落后。

转眼间，小苏轼是时候该去学堂接受正规的教育，请夫子正一正学习的规矩了。当时蜀地道教盛行，程氏和苏洵经过多方比较，层层遴选，最终决定将小苏轼送进名校天庆观北极院，由张易简道士为他开蒙。

北极院名声在外，那年与苏轼同去求学的学生就多达百余人。学生们个个求识若渴，老师更是嗜书如命。

在这样一个书香云海中，苏轼完成了他最初的识学累积。

但苏轼同时也是顽皮的，他不像别的孩子一样每日只读死书，也不像别的孩子一样敬夫子若神明，他只将他们视作自己成长路上的良师益友。

一日，张道士捧着一本《庆历圣德颂》看得津津有味，突然被一道稚嫩的童声打断："这些诗里写的都是些什么人呢？"

入神的心思突然被打断，张道士自然有些怪罪眼前这个顽童，摆着手驱赶他："说了你也不知道，等你以后积累的学识足够多了就知道了，现在快去读书吧。"

孩童不动，反而问道："他们是人，又不是神仙，既然大家都是人，你说了我自然会知道。"

略显稚嫩又有些道理的话语让张道士豁然清醒。

作为孩童，他们还不知道这些名人诗词，可是他给孩子们讲了，他们不就知道了吗？

于是，夫子与学生，认真地在书院中研习了一下午的名人诗词。

苏轼也因此深得张道士的喜爱。

而和苏轼一同受到张道士青睐的，还有他的一位同窗——陈太初。陈太初与苏轼不同，他不醉心于诗词，而是继承了张道士的衣钵，学有所成后一心求道成仙。

苏轼却因为童年那一下午的诗词时光，而走上了和陈太初不同的路。他选择了出仕入相，后来仕途的路虽颇多坎坷，但童年时张道士安之若素、随俗浮沉的教育理念，也给予了他许多精神上的慰藉。

接受了张道士三年的教导，因为父亲苏洵要去京师赶考，家中人手不足，苏轼不得不从学堂退学，回到家中由母亲亲自教学。

送苏洵离开的那天，程氏怎么也没有想到，宣称已"改过自新"的苏洵，会因为此次考试失利而故态复萌……

也许苏洵本就如此，从未变过，他的勤奋苦读只是因为家道中落，家里贫困不得已而为之，在家中经济向好时，他又懒散了起来。出游崇山，踏足华山，行至终南山……也许他从未忘记过自己年少时就有的游历全国的梦想，但他的梦想，却是用一个女人的辛勤与付出换来的。

在苏洵游山玩水遍览河川期间，程氏在毫无怨言，尽心尽力地抚育他们的儿女。

她一边支撑着家里的生意，一边教导着儿女。她教孩子们读《后汉书》，旨在让他们能够以史为鉴，明辨是非，原也并没有过多的期望，可苏轼却在读到《范滂传》时，给了她莫大的惊喜。

清廉刚正的范滂不畏奸佞，却被贼人所害，为了不连累他人，选择英勇赴刑。临行前，他与其母诀别时的对话感人至深。

范滂安慰母亲："母亲，弟弟仲博孝顺，一定会尽心尽力地赡养您，儿子不孝，要先行一步了，也请您千万不要太难过，一定要保重身体。"

范母默默流着泪，却不无骄傲与坚定地说："孩子，母亲不难过，你从小就立志要当李膺和杜密那样的贤臣，如今也算如愿以偿，圆了少时的梦想了。母亲知道鱼与熊掌不可兼得，你以死换得名节，母亲为有你这样的儿子而觉得骄傲。"

文中母子的话语让小苏轼深深地动容，他转而问母亲："母亲，我长大了也要做范滂这样的人，好不好？"

孩子有治世为贤的心，做母亲的怎能不感动？眼看教有所成，程氏赶紧趁热打铁，在小苏轼心里插了根定海神针：

"你要是能做范滂那样刚正不阿的人，我也能做范滂母亲那样深明大义的长辈。"

庆历七年（1047）五月，七十五岁的苏序病逝，结束了自己豪情万丈、肆意潇洒的一生。死去的人可以从容地离去，可是活着的人，却总会有诸多的不舍和遗憾。

苏序过世以后，程氏忙遣人带了口信，找苏洵回来奔丧，但人海茫茫，山高路远，等到苏洵终于接到消息风尘仆仆地赶回来时，已是八月。三个月的时间，径间花草都长过一茬了。

哭着、痛着、忏悔着，苏洵肿着双眼悲悲戚戚地回了家。程氏看着眼前这个两年未见的丈夫，一时间各种情绪涌上心头。

一会儿记起自己为了嫁给他，飞蛾扑火般与家人决裂；一会儿想起他撇下自己和孩子，一走了之；一会儿又回忆起有一年端午节，他努力读书时，废寝忘食，自己怕他累坏了身子，特意剥了几只粽子，轻轻地送到他桌前，估摸着时间，去收碗筷时，却发现他满嘴墨汁，而糖碟纹丝未动，原来是他看书太过忘神，把墨汁当成糖，蘸着粽子吃掉了……程氏又哭又笑，百感交集。

苏洵自省："仕途也许不是我应该走的路，我个性虽喜读书，却屡试不第，不如以后就专心在家，一心研学，也不做那没指望的仕人梦了。"

为人的可贵之处就在于，能够时常自省，认清自己。苏洵在屡屡失败之后，终于选择了一条不那么崎岖的路。不过，他是用了很多年才明白这个道理的，可他的妻子早早就通晓并看开了。

程氏告诉苏洵："读书是深入探讨古今天下兴衰成败之理的，可以用来治世，而圣贤之声，也可以用来修身。"

俩人意见达成一致后，苏洵最终从妻子手中接过了教育这根接力棒，苏家也因此开始了女主外、男主内的分工合作新篇章。

后世很多人将苏轼的成就单归功于程氏，其实不然，苏洵也并非全然是甩手掌柜，他在苏轼年少的教育中，其实也是占据了不可或缺的地位的。

苏轼成年后，某次梦到小时候父亲的教导，醒来后作了一首词：《夜梦并引》，忆起被父亲逼迫着读书的痛苦。

七月十三日，至儋州十余日矣，澹然无一事。学道未至，静极生愁，夜梦如此，不免以书自怡。

夜梦嬉游童子如，父师检责惊走书。

计功当毕《春秋》余，今乃始及桓庄初。

怛然悸寤心不舒，起坐有如挂钩鱼。

我生纷纷婴百缘，气固多习独此偏。

弃书事君四十年，仕不顾留书绕缠。

自视汝与丘孰贤，《易》韦三绝丘犹然，如我当以犀革编。

苏轼作这首词时，已经六十多岁了，居然还能梦回少时读书的苦乐，可以想见，苏洵以自己为鉴，在教育孩子上，俨然是一位严师。

不过，教导天才不是一件容易事儿，尤其是这个天才还是自己的儿子，尤其这个儿子还是个在十岁就能写出"人能碎千金之璧，不能无失声于破釜；能搏猛虎，不能无变色于蜂虿"这样令人称奇的好文章的人。

若是在儿子面前露了怯，那可不单单是丢脸就完了的事儿。所以，一边辅导孩子们，苏洵自己一边也大量阅读典籍，博览群书。也是在教导孩子们的这段时间里，他的散文开始大放异彩。而他在那段时期创造的苏氏谱例，为谱学领域的研究更是做出了巨大的贡献，成为现代修谱形式之一。

而这位早年的纨绔子弟，也终于在晚年学有所成，最终与两个儿子一起被誉为"唐宋八大家"之"一门三杰"。

老骥伏枥，志在千里；烈士暮年，壮心不已。事实证明，只要一心向学，任何时候都不会晚。

苏洵的事迹也因此被推崇为老有所成的典范，写进了经典国学启蒙《三字经》里："苏老泉，二十七。始发愤，读书籍。彼既老，犹悔迟。尔小生，宜早思。"

程氏用实际行动告诉世人：看，男人也是可以改造的，虽然这过程中有着说不出的艰辛、委屈和疲累。但糟糕的过程总算取得了最好的结果。她成功了，苏家兴旺了。

第三章

名噪京师

苏轼刚一出生，其父就对他寄予厚望。这点，从苏洵为他取的名字中就可得窥一二："轼"，指车前的扶手，取的是其默默无闻却扶危救困之意，即低调做人，高调做事。苏洵既希望自己的孩子可以做朝廷这架马车上不可或缺的一部分，又期望自己的儿子可以远离政治战场，不要做万人瞩目、遭人嫉恨的"车头"，抑或是深陷泥潭、无法自拔的"车轮"。

苏轼没有辜负苏洵的期望，小小年纪，便绽放出比同龄人更耀眼的光芒。可这时候，苏洵又发了愁——他怕苏轼因此自鸣得意，久而久之养成骄傲自满的心态。

为此，苏洵对苏轼开始循循善诱。在《名二子说》中，记载了他对苏轼说的这样一段话："子瞻，父亲知你天资聪颖，小小年纪就能引经据典、出口成章，这点父亲甚是欣慰和自豪。但如今最让父亲担心的不是你的课业学问，而是你恃才傲物，太露锋芒呀。一个不会隐藏自己锋芒的人，吃亏可是早晚的事情。"

光是说道理，年轻的苏轼自然是不会懂的，更不会知道如何去改。于是，为了磨炼小苏轼的性子，苏洵想了一个办法——让苏轼将《后汉书》抄写完整。

《后汉书》足有五十余万字，为了完成这个任务，小苏轼几乎没了出去撒野狂欢的时间。最初，苏轼怎么也坐不住，可时日久了，那些好玩的朋友渐渐与他疏远，苏轼自己也就慢慢静了下来。在这座沉静的书斋里，他心中的浮躁随着那毛笔勾勒的一笔一画，渐渐褪去。

在抄书的这段日子里，书本上的知识就像一颗颗珍珠，伴随着笔尖的划动，永远地嵌刻在了小苏轼的脑海中。

但此时的苏轼，终究还是少年。那抹少年心性，偶尔还是会跳出来调皮捣蛋。

父亲还在书房的时候，他就端坐在桌前，朗声诵读，好一副乖巧的模样。只待苏洵一走，他的注意力立刻就转移了。窗外的鸟鸣，风穿竹林的"嗖嗖"声，课桌上的一道划痕、一点墨汁都能让他研究一下午。直等到父亲到点来检查文章时，苏轼才惊呼糟糕，课业还一页未看，文章也半句未写呢。

虽然想着找些借口来搪塞，但旁边还坐着个君子坦荡荡的弟弟苏辙呢。有苏辙的监督，苏轼也只能乖乖地认错罚抄了。

说起苏辙，他才更像一个沉稳低调的哥哥。苏辙自小就乖巧听话，从不让人操心。父亲不论布置了什么课业，他都埋头认真去做，做不完，那就熬夜去做。苏轼反而像个调皮的弟弟，哪怕课业繁重，也要抽时间来玩乐，还时不时琢磨些好吃的。如此看来，苏轼能有后来的成就，还真有父亲的严厉教导、兄弟的勉励督促之功劳。

虽说苏轼贪玩，但他一身天赋，还真有些上天宠儿的味道。同样的课业，他就是能用更少的时间，做到比别人更好。他思维活跃，经常能写出让人惊叹不已的句子来。

就如《夏侯太初论》所记载——苏轼写了令父亲苏洵赞不绝口的名句——"人能碎千金之璧，不能无失声于破釜；能搏猛虎，不能无变色于蜂虿。"

还有后来读到富弼的《使北语录》中说大辽国主"用兵则士马物故，国家受其害，爵赏日加，人臣享其利"时，苏轼引用《严安上书》中的典故说道："今徇南夷，朝夜郎，降羌僰，略濊州，建城邑，深入匈奴，燔其龙城，议者美之。此人臣之利，非天下之长策也。"

这些都是他才华的体现。

苏洵深知博采众家之长的道理，在得知眉山的大学究刘巨开堂授课后，便将两个儿子送进了刘巨创办的寿昌院就读。

在寿昌院求学的日子是轻松愉快且有趣舒心的。凭借深厚的文学功底和敏捷的头脑，苏轼很快能将刘巨教授的学识融会贯通，并学以致用，和同堂的学生们对起诗来，简直信手拈来。

只见这厢一人起头道："庭松偃仰如醉。"

另一人接："夏雨凄凉似秋。"

苏轼很快回："有客高吟拥鼻。"

弟弟苏辙憋了半晌，憋出了一句，"无人共吃馒头"，引得大家哄堂大笑。

在刘巨和苏洵的熏陶引导下，苏轼在文学上的造诣日渐炉火纯青。师长的垂青，同窗的艳羡，师弟们的崇拜，让本就不拘小节的苏轼越发狂放了起来，对刘老师的诗作都敢评头论足了。

好在他还记得父亲苏洵尊师重道的教诲，言辞尚算委婉。他道："老师的《咏鹭鸶》文辞优美，但是后面两句'渔人忽惊起，雪片逐风斜'差了点意境，不如改成'渔人忽惊起，雪片落蒹葭'可好？"

鹭鸶鸟常常在靠进水边的灌丛或芦苇中营巢，而蒹葭特指水中的芦苇，与鹭鸶正好相得益彰。

刘老师听后，大为震惊，直言青出于蓝而胜于蓝，自己怕是教不了这个天才少年了。

虽说苏轼天赋出众，但他的成功，也离不开他博览群书的沉淀。除了必学科目之外，苏轼几乎翻遍了所有他能找到的文书古籍。他曾为贾谊身怀大才却未能施展一腔抱负而惋惜，并专门为其作了一篇文章——《贾谊论》，期望天子重臣们都能够知人善任，切莫浪费人才；他曾敬慕陆贽，以他为终身偶像，去其辞藻，只讲务实，干实事；他读经史子集时，也曾将"不以物喜，不以己悲"的思想深刻地烙印进了自己的骨子里。历史的沉浮起落，让他年少的心似有所悟，也为后来跌落至深渊的他，点燃了一把希望之火。

出众的天赋加上足够的努力，最终成就了宋朝史上的一位文学大家。

此时的苏轼就像一匹千里马，只需等到一位有眼光、有学识的伯乐，便可大放异彩。

而这位伯乐，便是出身寒微的天才张方平。

张方平此人头脑聪慧，且有过目不忘之能。他能在西夏赵元昊故意激怒大宋想挑起叛乱时，一眼识破赵元昊的诡计，从而劝诫天子切勿上当；能在西夏来犯、两军交战时，劝解天子以仁服人，最终降服了狼子野心的西夏国；能在朝廷兵变，张贵妃护驾有功时，劝诫天子不可识人不清。

传闻两人相见后，常互做问答，作词比诗。但其中细究之处，千年后的我们已经无从考证。我们现在只能从历史的夹缝里得知，张方平对苏轼很是看重。

在得知苏洵想让苏家兄弟在眉州参加乡试时，张方平强烈反对。因为他认为以苏轼、苏辙两兄弟的才能，已经足够进京参加科举了，于是才有了——"从乡举，乘骐骥而驰闾巷也。六科所以擢英俊，君二子从此选，犹不足骋其逸力尔。"

张方平一封荐书，送他们入了京城。

爱惜人才的张方平，怕朝廷错过了如此有才华的年轻人，为了稳妥起见，他特地给翰林学士欧阳修单独写了一封推荐信。

此前，张方平和欧阳修因政见不合，素不往来，而今为了苏家兄弟，愿意放下过往恩怨，由此可见张方平对此事的重视。

在遇见自己的伯乐后，苏轼的传奇人生正式拉开了帷幕。

嘉祐元年（1056），眉山苏家三父子怀揣着张方平帮忙凑的路费，于季春时节出蜀了。

摆在苏家父子三人面前的第一道坎儿，便是漫漫的崎岖路途。

已逐渐老去的苏洵带着两个意气风发的儿子，沿着嘉陵江两岸灼灼的桃花，一路向北。他们穿过"阆苑仙境"，攀上崎岖险阻的终南山，渡过素有"明修栈道，暗度陈仓"之称的古栈道，经历了落花成雪的四月，还题诗于名城渑池的寺庙岩壁，终于，在枝头吐火的榴月抵达了京城——开封。

长途跋涉了两个多月，甫一进京，迎接他们的却不是意想中的繁荣与盛景。

这年五月，气候多变，倾盆大雨泼在他们身上，险些浇灭了父子三人胸臆间那喷薄欲出的热情。好在有兴国寺浴室长老德香的收留，他们才不至于流落街头，但紧迫的时间也容不得他们再发出更多的感慨和牢骚了。草草收拾后，苏洵就督促着两个儿子专心备考。

屋外大雨滂沱，屋内书声琅琅。

等到雨停了，小池里的荷香顺着清风徐徐溜进窗里，苏轼偶尔被香气诱惑，瞟上两眼，往往还未来得及收回目光，就会挨老爹一板子。

就在苏洵的严苛监督下，大考将近了。

从六月的专心端坐，到七月的手脚紧张，再到八月随着从四面八方涌来的莘莘学子，走进应考的景德寺，他们的内心反而平静了下来。

一路走来，此时的苏轼虽不及后世那般旷达，却也炼出了一丝沉稳。

考试共分三轮，如今正是第一轮测验，后面还有朝廷礼部组织的省试以及当朝天子亲自出题监考的殿试。

放榜当天，苏家三父子早早来到榜前。好不容易挤入人群，一眼就看到了位于第二行的苏轼的名字。如此显眼，如此庄重。大喜之后，三人又匆忙而紧张地寻找苏辙的名字。

皇天不负有心人，苏辙也榜上有名。那一瞬间的喜悦终于疏散了苏洵心中二十多年的郁结。

但考试还没彻底结束。高兴之余，他们又一头扎进了屋里。来年正月的省试眼看着也临近了。

两个儿子忙着备考，苏洵作为父亲也并没闲下来。虽然已到了知天命的年纪，但是他心中仍旧有着出将拜相的渴望。于是，苏洵将自己的文章整理成册，并不忘附带张方平写的推荐信，一并寄给了朝廷。

许是太心急了些。苏洵忘记了自己对儿子的教诲——要韬光养晦、隐藏锋芒；也忘了不可恃才傲物，尤其是在朝廷这个最复杂的大环境中。

他在军事家韩琦面前大谈兵道，在老成持重的丞相面前大谈治国。与谁都想攀谈一二，与谁都想辩解三四。在盘根错节的朝廷中，苏洵的处事之道显然是不受待见的。因而，即使被欧阳修看重，他依然被排挤在了权力之外。

不过，苏洵未能如愿，两个儿子却很争气。

嘉祐二年（1057）正月，苏轼在一片肃穆的考场上翻开了他的试卷，题目是《刑赏忠厚之至论》。

这篇试题出自《尚书·大禹谟》中的"罪疑惟轻，功疑惟重。"苏轼深知《尚书》弘扬仁爱思想，便以施行儒家仁政的"尧、舜、禹、商汤"等名人引经据典。初出茅庐，尚未被尘世沾染的苏轼，心中蓄满了满腔的热血。

他下笔酣畅，文风质朴，洞彻事理，再辅以情真意切的文字，通篇写下六百余字，大力抒发自己仁义治国的政治思想与远大抱负。

因考试时过于紧张，苏轼在文后笔锋一转，杜撰了一则名人事例——"当尧之时，皋陶为士。将杀人，皋陶曰'杀之'三，尧曰'宥之'三。"

　　谁知，此举反而惊艳了阅卷老师梅尧臣和主考官欧阳修。但两位主考官在惊叹之余，又恐此文是出于欧阳修的学生曾巩之手，为了避嫌，不敢将其排为第一。苏轼就此阴差阳错，成了第二名，却也成就了一段逸事佳话。

　　但也不必为苏轼没有取得榜首而觉得太惋惜，因为在苏轼的一生中，这不过是一点小小的波澜，往后像这样的耀眼时刻亦繁如星辰，他也注定会成为宋代文学史上绕不过去的一段浓墨重彩。

第四章

各奔前程

苏轼扬名了，如同大鹏乘风起。

礼部复试时，苏轼不掩锋芒，面对考官根据《春秋》三传出的《问供养三德为善》《问小雅周之衰》《问君子能补过》等十道对义题，因言必有中、言之有物摘得了复试的桂冠。而后一路高歌猛进，在宋仁宗主持的终考殿试中，以《民监赋》和《重申巽命论》以及《鸾刀诗》荣登榜眼，不仅获得了仁宗的赏识，更名扬万里。而苏轼的弟弟苏辙也进士及第。

一时间，苏轼春风得意马蹄疾，但他也知道，自己能有此成就，离不开前辈的恩情。

苏轼谢师，又怎会拘泥于筵席请客、传杯弄盏？自然是以文谢师更显庄重。苏轼连夜写了一封感谢信——《谢欧阳内翰书》——给当朝宰相。书信中不仅对欧阳修做了感谢，也阐述了自己对文学的看法。

文人相交，从来都是以才服人。相同的气息，让同是实干家的两人惺惺相惜，苏轼的一纸阔论让欧阳修对他更加青眼相看。

欧阳修盛赞苏轼："此人可谓善读书，善用书，他日文章必独步天下！"

欧阳修作为当朝文学泰斗，竟对苏轼做出如此评价。一时间，苏轼的名声被推上了至高点，成为文学界的新贵，名噪京师。

盛名之下，不少人慕名而来，均被苏轼的才学所折服，章惇也是其一。

章惇出身不堪，野史记载，惇父章俞出身名门，娶了杨氏女后，却与杨氏女的母亲私下有情，两人乱祖背德，以致珠胎暗结。这个孩子本不该留存于世，却因是封建香火的传承人，以及"此儿五行甚佳，将大吾门"的预言而降生。他就是章惇，他一出生，便成了光耀门楣的工具人。

不堪的身世让他多被排挤，世人的指点也给他的孩童时代留下了挥之不去的阴影，直接造成了他古怪偏执、桀骜不驯的个性。

直到他遇到苏轼。

苏轼不在乎章惇的出身。两人为同年进士，只相差一岁，又因彼此欣赏而经常一起游山玩水。久而久之，苏轼的豪放阔达也给阴郁、沉闷的章惇带去了一丝光明。

但两人相处时间不长，章惇终因不甘居于同榜状元侄子章衡之下，毅然决然地舍弃了荣华，回家重新备考去了。说到底，他同苏轼一样，都是很骄傲的人。

不能与知心朋友再见，自然遗憾，但苏轼豁达的性格让他很快走出阴霾。海内存知己，天涯若比邻。

世事总是如此，哀乐相生，兴尽悲来，不会一帆风顺。苏轼怎么也不会想到，在他名噪京师后，比仕途之路更快到来的，竟是母亲程氏病逝的噩耗。

这个消息传来后，苏家父子大为悲痛，立刻启程赶回家中。而根据儒家"百善孝为先"的传统，当朝规定，朝廷官员在位期间，如若父母去世，则无论此人担任何官何职，从得知丧事的那一天起，必须辞官回到祖籍，为父母守制二十七个月，方能复始。这也就意味着，苏轼兄弟要在至少两年以后才能入朝为官了。当然，此时的苏轼兄弟，并不在意这件事。

苏家父子三人快马加鞭地赶回了眉山老家，哭倒在了程氏堂前。这个柔弱中带着坚韧的女子，最终走到了苏家曙光初现的那一刻，却终究没能在生前享受到丈夫和儿子为她带来的一丝丝荣宠。

程氏一生为了苏洵父子操心受累，一辈子盼着丈夫、儿子有所作为，不至于虚度人生，埋没才气。可世事无常，她在四月初八病故，还未来得及看到两个儿子封官加爵，一展抱负。

这世上最痛的，莫过于子欲养而亲不待。最疼爱苏轼兄弟的程氏与世长辞，给他们造成了沉重的打击，这终将成为苏家两兄弟一生中最刻骨铭记的痛。

苏洵身为丈夫，也作为家主，料理了妻子的一切后事。

他寻了位风水先生，定了处锦天绣地，将程氏葬在了彭山县可龙里山水相依的"老泉井"旁，并筑亭作文，其中写道："昔予少年，游荡不学。子虽不言，耿耿不乐。我知子心，忧我泯没。"

一篇《祭亡妻文》，成就的是文人的功名赞誉。但对苏洵来说，这只是对亡妻最真挚的悼念。苏洵始终悔恨，在妻子生时，未有一句关心的话语，一个爱护的举动，一眼深情的对视。他对程氏的深情，只能以悼文的方式，陪伴在坟旁。

古时女子，终其一生，不过是愿寻一良人，相夫教子，相伴到老，平淡一生。可即便是如此简单的心愿，苏洵都未能成全她。

他是个好父亲，却不是个好丈夫。

程氏嫁与苏洵时，不惜与哥哥决裂。但到了后来，或许是为了修复兄妹之情，也或许是看重娘家的地位，他们将唯一存活下来的女儿苏八娘许配给了娘家的侄子程之才。

却没想到，门户不当的成见，以及程之才的拙劣品性害死了才出嫁一年的苏八娘。苏八娘辞世，成为程苏两家再次决裂的导火索。所有尘封已久的往事，又被翻上台面，苏洵作文，大骂程家六宗罪责，并通贯市井。文章虽未指名道姓，但人人皆知，他文中的"州里之大盗也"指的是程家。

苏洵出了气，只可怜了身为妻子的程氏。一边是丈夫儿女，一边是父母兄弟，丧女之痛加上与娘家义绝之伤，更兼丈夫的指责迁怒与怪罪，让她从此落下了心病。

虽有相继进门的两个儿媳陪伴，但终归不比含辛茹苦亲手带大的女儿。苏家三父子离家才一年多，她便积郁成疾，结束了短暂的一生。

嘉祐四年（1059），守丧期满，收到朝廷授任的苏轼，于秋收十月，携家眷正式踏上了仕途。

路途遥远，他们便以诗作消遣。眼里有景，心中有情，则万物皆可入诗来。心怀离乡之愁，苏轼写出《初发嘉州》：

朝发鼓阗阗，西风猎画旗。

故乡飘已远，往意浩无边。

锦水细不见，蛮江清更鲜。

奔腾过佛脚，旷荡造平川。

野市有禅客，钓台寻暮烟。

相期定先到，久立水溅溅。

行舟途中，纵览群山，他又写出《江上看山》：

船上看山如走马，倏忽过去数百群。

前山槎牙忽变态，后岭杂沓如惊奔。

仰看微径斜缭绕，上有行人高缥渺。

舟中举手欲与言，孤帆南去如飞鸟。

弟弟苏辙也借题作诗唱和：

朝看江上枯崖山，憔悴荒榛赤如赭。

莫行百里一回头，落日孤云霭新画。

前山更远色更深，谁知可爱信如今。

唯有巫山最穠秀，依然不负远来心。

途经忠州南宾县，苏轼看到当地人在虔诚地祭拜屈原，细问之下，却得知他们与屈原毫无渊源，因此有感而叹：

楚人悲屈原，千载意未歇。

精魂飘何处，父老空哽咽。

至今沧江上，投饭救饥渴。

遗风成竞渡，哀叫楚山裂。

屈原古壮士，就死意甚烈。

世俗安得知，眷眷不忍决。

南宾旧属楚，山上有遗塔。

应是奉佛人，恐子就沦灭。

此事虽无凭，此意固已切。

古人谁不死？何必较考折。

名声实无穷，富贵亦暂热。

大夫知此理，所以持死节。

屈原是个政治家，一腔热血里流淌着鸿鹄之志。他乘着长风，一路披荆斩棘。他大力发展农业，加强武装力量，招贤纳士，反壅蔽，禁朋党，匡扶正义之风。

只可惜，后遭遇小人的谗毁排挤，理想抱负未能得以完全施展，最后更是经历了灭国之痛，屈原以不屈的大无畏精神为国投江。苏轼继承了屈原的鸿鹄之志，他常自比为"飞鸿"，为了一展心中的抱负，向往着凌云直上。

嘉祐六年（1061）八月，苏轼得到了这样的机会。在为选拔"特殊人才"的制科考试中，他以"贤良方正能直言极谏科"获得百余年间第三等的第一人，被授予大理评事，签书凤翔府判官，协助知府处理事务。

弟弟苏辙与他一同考试，位列第四等，原本要被派遣到商州任职，但因父亲年事已高，苏辙权衡之下，在京城寻了份修著礼书的工作，不再奔波劳碌，只为尽孝于亲。想来苏辙也不愿再经历当初亡母的遗憾，他也深知兄长的鸿鹄之志，因此主动将留在京师照顾父亲的责任扛在了自己的肩上。

赴任凤翔，别离在即。苏轼两兄弟从小一起长大，面对这第一次分别，都充满了不舍。弟弟苏辙一路远送，不舍离别，可终究再也回不到两人抵足而眠、对床听雨的日子了。

"安知风雨夜，复此对床眠。"

兄弟俩曾约定，要在年轻时努力拼搏，等到实现了理想，赚够了养老钱，就一起回老家买地盖屋，颐养天年。可这样的愿望，在时光流转中，也只能沉在心底了。

在郑州送别兄长后，苏辙心中抑郁难当。苏轼于他，亦兄亦师，"扶我则兄，诲我则师"，如今忽然离别，心底的伤感再也藏不住，他当即起笔写下《怀渑池寄子瞻兄》：

相携话别郑原上，共道长途怕雪泥。

归骑还寻大梁陌，行人已度古崤西。

曾为县吏民知否？旧宿僧房壁共题。

遥想独游佳味少，无方骓马但鸣嘶。

苏轼又何尝不知弟弟的不舍？立即回信安慰："岂是吾兄弟，更是贤友生。"又说，"子由之文实胜仆，而世俗不知，乃以为不如。"

可人生就是这样，已然分别，再多的伤悲也只能留在心中，写在纸上。苏轼迎着寒风，踏着薄雪，再次途径渑池时，不禁想起那满腔的热忱。

可岁月无情，才短短五年，当年题在墙壁上的诗文早已化作尘土，被风吹散了。他回了一首《和子由渑池怀旧》来抚慰弟弟：

> 人生到处知何似，应似飞鸿踏雪泥。
> 泥上偶然留指爪，鸿飞那复计东西。
> 老僧已死成新塔，坏壁无由见旧题。
> 往日崎岖还记否，路长人困蹇驴嘶。

一路舟车劳顿，苏轼一家终于在十二月十四日抵达凤翔。

时值寒冬腊月，数九寒天，苏轼望着眼前萧条的街市，大吃一惊。

古书有载，"凤凰鸣于岐、翔于雍"，故而此地得名凤翔。在世人心中这里是山明水秀之地，但摆在苏轼眼前之景，却有穷山恶水、民生凋敝之态。

究其原因，是凤翔地处北宋与西夏交界处，不但赋税繁重，而且因为连年大旱，庄稼失收，所以民生艰难，贫苦交加。

苏轼来此赴任，首先要解决的便是家眷们的吃住问题，但疮痍满目之下，朝廷分派给他的房子又能有多好？许是从小生活的环境较为优渥，苏轼养成了吃要干净、住要整洁的习惯，在此基础上，更是尽量追求精致。所以，哪怕在此的任期只有三年，苏轼也下定决心，要自己动手建房。

于是，苏轼开始修屋建园，筑墙种树，打理起了自己的小院子。园子里树木凋零，没关系，他种桃、栽杏、植松桧，一眼望去，郁郁葱葱；园子里景缺水匮，没关系，他带领大家新挖一座小池子，引水流波，再搭建一个小亭子，种些莲花、养些鱼。至此，园中花榭水流，景色宜人。

等忙完公务，回到府邸，苏轼温一壶酒自斟自饮，坐于亭中赏景观鱼，兴之所至，便赋诗一首，洋洋洒洒，怡然自得。苏轼这种"临池饮酒"的心态，也颇有白居易"无论海角与天涯，大抵心安即是家"的通达与乐观。

苏轼爱玩。来到凤翔不久，便将四周的城市游了个遍。游孔庙，观石鼓，他写："兴亡百变物自闲，富贵一朝名不朽。细思物理坐叹息，人生安得如汝寿。"

游开元寺，览诅楚文碑，他写："峥嵘开元寺，仿佛祈年观。旧筑扫成空，古碑埋不烂。"

欣赏了名画，他写："吴生虽妙绝，犹以画工论。摩诘得之于象外，有如仙翩谢笼樊。"

游天柱寺，望维摩像，他写："田翁里妇那肯顾，时有野鼠衔其髭。见之使人每自失，谁能与结无言师。"

路过岐山，见山水皆恶，他写："有山秃如赭，有水浊如泔。"

偶遇东湖，水清气爽，他称赞："入门便清奥，恍如梦西南。"

游秦穆公墓，他感慨："今人不复见此等，乃以所见疑古人。古人不可望，今人益可伤。"

苏轼曾说，他作诗"常行于所当行，常止于不可不止"，由此可见，其文思确如万斛源泉，溪腾不止。

苏轼在生活上不将就，在政事上也并不打算敷衍了事。可毕竟初入仕途，总是心怀想做好，却怕做不好的焦虑。好在苏轼运气不错，再次遇到了一位伯乐——凤翔知府宋选。

宋选敦厚善良，豁达明理，以礼贤下士、任人唯贤而闻名。他虽只比苏轼早来上任四个多月，但两人都心怀抱负，想干实事，于是一拍即合。

第五章

走马上任

苏轼善于发现问题，更长于解决问题，并能够因地制宜，创造财富。

他来到凤翔，在深入了解百姓的生活后，更加体会到了此地的贫苦，尤其是水运方面给百姓带来了沉重的负担和痛苦。为了改善民生，增加收入，他将开源创收的第一站定在了衙差驿站上。而这也正是苏轼政治生涯的起点。

苏轼发现，木材用途广泛，是修缮房屋瓦舍、制作家具必不可少的物资，而凤翔府的驿站主要任务就是将秦岭南山的木材运送到汴京去。由于木材体积大，陆路运输有着诸多不便，因此常常将木材捆绑排放，然后采用水运的方式运输。

但水运极易受水位和气温的影响，哪怕动用了大量人力，木材耗损情况依旧严重。尤其遇到涨水期，连人带木材都可能会被湍急的水流掀翻到湖底，极少数人运气好能捡回一条命，但回来后也面临着倾家荡产的赔偿。所以，苏轼决定进行改革。

由于驿站只负责朝廷往来的物资运输，不接受民间业务，因此改革很有局限性。

这可愁坏了苏轼，虽然宋选始终信任他并给予很大支持，给他创造了尽力一搏、大展拳脚的空间，但改善民生问题从来不是凭借一腔热血就能一蹴而就的。

苏轼注意到当朝的衙前役制度有些冗杂，但这些规则章程在衙役的思想中早已根深蒂固，一时难以改变。于是苏轼白天东奔西走地做调查了解，晚上就坐在小花园里整理思绪，历时多日，呕心沥血写了一篇改革计划寄给上司韩琦。

他在计划中提出：一是希望能给予衙吏们自主选择员工的权力，招纳的水手水性好，水运风险才会降低；二是希望按照时令，结合水势的涨退情况，进行放排托运的安排。如此双管齐下，既能保障送木工人的安全，降低人工成本，还能避免不必要的风险，提高运木收入。

在等待批复的日子里，苏轼被指派去凤翔辖属的宝鸡、虢、郿、盩厔四个县出差，减决囚犯。而这一次的出行，让苏轼看到了更凄凉凋敝的景象，也让苏轼意识到凤翔的灾年已至。

持续的干旱让田地变得龟裂荒芜，种植的庄稼粮食被毒焰烧毁，沿路多是衣衫褴褛、饥肠辘辘的乞丐，哀鸿遍野、民不聊生的凄惨情景让苏轼久久无法平静。

为帮助百姓度过暑旱，苏轼回到驻地就组织开仓济民，但这只是治标不治本，若是连年大旱，庄稼歉收，灾民越来越多，小小的城中，哪里还有多余的粮食来赈灾呢？

一场大旱让苏轼陷入两难的境地——百姓田地颗粒无

收，官府赋税收缴不足，下有民怨上有高压。若百姓不交赋税，朝廷势必怪罪，但若真到了以强权镇压逼迫百姓的地步，势必激起民愤，那自己和那些昏官又有什么区别？

这可不是苏轼想要的结果。

但一时间，他也找不到解决的办法，苏轼听从同僚谏言，将希望寄托于神灵之上，到太白山上焚香求雨。

几天过去了，天空却丝毫没有要下雨的意思，苏轼气得大骂："今旬不雨，即为凶岁；民食不继，盗贼且起。岂惟守土之臣所任以为忧，亦非神之所当安坐而熟视也！"刚骂完没两天，居然真的下了一场大雨。雨水润泽万物，也解了百姓的燃眉之急，苏轼这下又高兴了，饮酒高歌："官吏相与庆于庭，商贾相与歌于市，农夫相与忭于野，忧者以喜，病者以愈。"

及时雨让灾情得到缓解，但苏轼明白水源问题依旧存在，不可能次次依靠虚无缥缈的神灵庇护之说，这次虽求得一场及时雨，但往后未必，问题还得从本质上解决。

苏轼冥思苦想时，突然看到自己常用来办庆功宴的"喜雨亭"边有一"饮凤池"，池中碧波荡漾，涟漪层层，若是能设法将其中的水引出去，再遇旱年不就能用它灌溉田地，避免庄稼因缺水而枯死了吗？

苏轼历来雷厉风行，既然想到了办法，便立刻连夜设计修整方案，带领工匠们将"饮凤池"疏浚扩通，便于再逢旱年时引水浇田。通渠之日，苏轼见"饮凤池"距城东门只有二三十步远，便为它另取名"东湖"。

苏轼是一位在吃住行上皆追求风雅的文人，面对东湖这一汪池水，又动了心思。

于是苏轼派人往湖内撒莲花种子，沿岸边种植细柳，营设出"细柳扶风、娇花照水"的意境，又修筑亭台楼阁，便于欣赏小桥流水的美妙景色。苏轼的这一举动，成就了凤翔的三绝之一"东湖柳"。

说到这里，不得不提凤翔的另一绝——西凤酒。作为中国四大名酒之一，西凤酒在北宋有另外的叫法，即橐泉酒。它与凤翔的茶是凤翔当地达官显贵送礼的黄金搭档。

喝茶，喝的是一种情调；喝酒，喝的是一种舒畅。只是凤翔的百姓无法感受这一切。

凤翔作为两国的交界、关中的咽喉，一直是军事要塞、兵家常争之处。战乱给百姓的生活带来了巨大的影响，但另一边还要应对朝廷的繁重赋税，说凤翔的百姓是在夹缝中苟延残喘也不为过。但好在凤翔的茶、酒、盐，主要供给朝廷，因此备受重视，凤翔的繁荣也基本全靠这三大产业支撑。

想到这一点，苏轼又生一计。他意识到茶和酒或许可以作为发展凤翔经济的突破口，但眼下最大的困难就是这三大产业的产销全被朝廷把控，普通百姓想要依靠其挣钱根本是难上加难。

为了改善民生经济，稳定百姓生活，苏轼和宋选商议，一方面上请三司使蔡襄同意酌情减免赋税，好让历经战乱的民众得以休养生息；另一方面又找宽厚大度的韩琦上奏朝廷，为百姓争取一部分茶、酒、盐的产销权。这么做的好处是既能让百姓得到喘息的机会，让民生重新得到发展，又能减轻官民矛盾，方便官府的管理，稳定边疆。

这简直是利国利民的好事，朝廷何乐而不为呢？于是在苏轼的提案下，朝廷调整了茶、酒、盐的管理政策，开始允许百姓在朝廷监督之下制茶酿酒。

苏轼向来爱酒，对推广、发展凤翔的酒业更是十分积极，不但作诗高吟，"花开酒美曷不醉，来看南山冷翠微"，还专门跟着师傅学习酿造凤翔美酒的技艺。而百姓因为有了分销的资格，看到了赚钱的希望，经营起来更是不遗余力。一时间，大酒厂、小作坊遍地开花，凤翔呈现出了与苏轼刚来赴任时截然不同的欣欣向荣之象。

很快，在官民的合力推动下，西凤酒以其恰到好处的醇香典雅、甘润清爽、味久弥甘的特色风靡全国。好事成双，见苏轼的举措对发展凤翔民生颇有效果，朝廷也很快同意了关于衙前改制的请求，一切似乎在往好的方向发展。

然而嘉祐八年（1063）四月，苏轼这边正准备大展拳脚时，一个突如其来的消息仿佛又让一切回到了起点——宋仁宗驾崩了。

　　北宋皇帝的突然薨逝，让朝廷顿无主骨，上下乱成一团，各方势力互相倾轧，刚稳定的局面又开始动荡。但此时宋仁宗的陵墓尚未完成，急需大量的木材，这意味着凤翔作为运送木材的驿站压力骤增。为了更快将建造陵墓所需要的木材送达陵园，驿站征召了大批劳动力，日以继夜地进行运输工作。

　　时值少雨之季，河水水位下降，水运看来是行不通了，但单纯靠工人们背、拉、拽、扛，这么多的木材，近六百公里的路途，哪怕工人们不吃不喝一刻也不休息，等运送到汴京，仁宗的尸体恐怕也发烂发臭了。

　　可皇帝薨逝是举国之事，朝廷才不管底下的人有多少苦衷，要承受多少民怨，它看重的只有结果。不能及时将木材运送至皇陵以供修建，苏轼只有被革职一条路可以走。纵使苏轼天性达观，个性从容有度，第一次直面因送木材的小事而可能被革职的危机，他心中仍焦躁万分。

　　苏轼不敢因内心烦忧叨扰周围的人，只能给远在汴京的弟弟写信一封寻求慰藉，但弟弟的回信宽慰也解不了苏轼的当务之急。木材运输一事未能得到解决，苏轼为此急出了病，吃不好，睡不好，还得强撑着主持工作。

　　或许是上天眷顾，几场瓢泼大雨，让运输一事得到了圆满的解决。但此事过后，苏轼的心境相较初来凤翔时却有了一点微妙的不同：如果说起初是想做却怕自己做不好，是因自己而焦虑，现在则是深知世事无常，多了一种无能为力的挫败感。

新继位的天子宋英宗原本就因苏轼的诗词文章、为人品质而十分欣赏他，如今又看到苏轼在凤翔任职期间的政绩后，就想提拔他进翰林院回京做官，知制诰，或者修帝王的言行录，但却被宰相韩琦以苏轼年轻气盛，还需磨炼为由给否决了。

升官决议搁置，苏轼继续留在凤翔，但宋选却被调走了。

新上任的知府陈公弼与苏轼是同乡，按照常理，两个同乡恰好在同一地为官，本该惺惺相惜，感情心事有所通同，但两人却偏偏个性迥异，互相看不上，竟到了针尖对麦芒的地步。

其实陈公弼此人也是个干实事的人，只是性格与为人和善的宋选大相径庭。宋选对苏轼的大刀阔斧十分包容，而陈公弼个性强硬，眼里揉不进沙子，尤其看不惯年轻人轻狂浮躁的一面。在陈公弼眼中，苏轼不过是做成了几件事，就有些恃才轻狂，被推崇为贤良之士实在言之过早，因而对苏轼要求严苛。

陈公弼的本意是希望苏轼能够收敛锋芒，但他的所作所为在苏轼看来都成了吹毛求疵。苏轼苦闷不已，想自己自诩风流，自认旷达，却每每在陈公弼处吃风受气。

俩人一起搭档，可真是火药桶碰着了火点子，一点就爆。因政见、个性不和的两人时常争吵，以至于后来衙役们一见到两人共处一室便要退避三舍，都怕自己无端被连累怪罪。两人的关系虽未到水火不容的程度，却也是除了必要的公事外，私底下就再无交流了。

忽有一日，陈老一反常态地请苏轼给自己家后院新修的亭子写一篇贺文。起初苏轼并不情愿，但后来转念一想，这不正是一解往日之气的好机会吗？于是提笔写道："物之废兴成毁，不可得而知也。昔者荒草野田，霜露之所蒙翳，狐虺之所窜伏。方是时，岂知有凌虚台耶？废兴成毁，相寻于无穷，则台之复为荒草野田，皆不可知也。"

苏轼憋着坏，嘲笑陈老建个没什么用的亭台，风吹日晒，迟早要塌，有什么好摆酒庆贺的？

没承想，陈老既没生气也没发火，完完整整地将这篇阴阳怪气的《凌虚台记》读完，还让人将贺文刻在凌虚台旁的石碑上。

苏轼一时悻然，心里五味杂陈。直到后来他于无意间结识了陈老的儿子陈季常，才明白陈公弼对他的谆谆教导之心，因而感念至深。

与陈公弼刚正板硬、一丝不苟的作风不同，陈季常个性奔放，同苏轼趣味相投，俩人于林中相遇，一见如故，成了把臂入林、情深潭水的莫逆之交，他俩一同饮酒高歌，策马奔腾，你懂我的胸怀诗意，我也愿为你引弓骑射。

第六章

幕后听言

十年生死两茫茫，不思量，自难忘。千里孤坟，无处话凄凉。纵使相逢应不识，尘满面，鬓如霜。

夜来幽梦忽还乡，小轩窗，正梳妆。相顾无言，唯有泪千行。料得年年肠断处，明月夜，短松冈。

遇到苏轼之前，待字闺中的王弗大概遥想过自己的意中人是个德才兼备的谦谦君子，他会带着相濡以沫到白头的深情与她举案齐眉。但或许她从未想到，自己会因为爱情在史书上留下浓墨重彩的一笔。

那日在青神县的中岩寺中，与她一眼万年的人虽是个君子，但并不谦逊。苏轼被父亲苏洵送到中岩寺读书的时候，还不满十八，正是血气方刚的青春少年。

而王弗的父亲王方是学院中的老师。

学院远离闹市，苏轼在学诗作赋写文章之余，时常携三两好友到附近的山中探险。山中所望，姹紫嫣红，水秀天高。一日，苏轼携友到一处碧水池边游赏阔论。那正是春暖花开的好时节，池边绿树郁郁葱葱地倒映在碧水中，岸边的飞来凤清香馥郁，引得无数少年佳人光顾，而这其中就有王弗。

似是命运的安排，不期然的回首相望，让苏轼与王弗跌入了彼此的眼中，从此，少年的眼里不只装着星辰大海，也装着人间烟火。

如果说一见钟情，爱的是貌，那么苏轼与王弗为林中鱼池取名时的不谋而合，则表明二人才气相通，是心有灵犀的灵魂相吸。

在中岩寺下有一处碧水美景，十分具有灵性，凡拊掌三声，必有群鱼跃水的壮观奇景，这让苏轼流连忘返，每每来此，言语间满是怜惜："这么漂亮的地方，居然藏在乡野间，岌岌无名，甚是可惜。"

少年人不懂藏私，觅得美好的事物，总是想让所有人知道，一同欣赏。于是，他提议为这一池的碧水取个相合的美名。王老先生也是个风致雅趣的妙人，当即打算组织一场盛会，广邀当地的文人雅士，既为这无名的碧水求得美名，也让众多才子佳人借此以文会友，何不美哉！

于是，在一个明媚的午后，中岩寺下的碧水池前文人齐聚，一场斗妍的文学盛宴就此开启。

林中，众文人面对一汪春水，取名者甚多，可惜的是，不是过于追求雅致、不接地气，就是过于接地气而显得俗不可耐，总之没有一个能入得了王老先生的慧眼，也没有一个能得到众人的一致赞许。直到苏轼提笔展纸，笔落生花——"唤鱼池"。此名真乃妙意无穷，令在场的文人学士无不拍手称赞，就连王老先生也欣喜地称赞："雅俗共赏。"

　　就在苏轼溢出嘴角的得意还没舒展开的时候，王弗的题名也从家中匆匆送来。王弗虽为女子，却喜诗文，不失为一个富有浪漫气息的文人，听说这场为美景取名的浪漫雅事，也想以题会友，以学促思，但奈何身为女子，不得抛头露面参加此次集会，只能在家中让人递信而来。

　　看着纸上不谋而合的"唤鱼池"三字，少年有了不可名状的心悸，这位同门师妹的名字也深深烙印在了苏轼心中。

　　见识到王弗才华斐然，苏轼愈发心痒难耐，总想见一见这位有才华有学识的女子，很快，苏轼就有了达成心愿的机会。都说春心萌动的少年最是肆意、胆大，何况苏轼本就洒脱随意，于是他在为王老先生祝寿的席宴上假意酒量不支，醉倒酣睡，等到寿宴结束众人一一离去，他才悄悄爬起，借着皓月当空，来到了师妹王弗的屋外。

　　这是一场早有预谋的告白。他小心翼翼地摸出藏在怀里的花苞，顺着王弗临窗梳妆的倩影，轻轻地抛了进去。两两对望，相顾无言，这一眼便是一生。都说，爱上一个人的过程，是始于颜值，陷于才华，忠于人品，此时，三观契合意气相投的两个人终于认定了对方。

　　但也许爱情总要历经曲折才能让人体会到真挚的情谊来之不易，应更加珍惜。

　　在遇见王弗前，苏轼早已与临州的雷太守之女定过婚约，当苏轼发现雷太守贪赃枉法，加上自己确定倾心王弗后，便向父亲提出取消婚约的请求，但却遭到了苏洵的阻拦，父子间一度关系紧张。饶是如此，苏轼却依旧不肯放弃。

父子间的较量延续到姐姐八娘无故惨死的时候。苏洵看到唯一的女儿因为婚姻不幸而哀亡，终于明白了夫妻二人倾心和睦、相亲相爱的重要性，于是向雷州太守写下了苏轼心心念念的辞亲信。

之后，在苏轼的敦促下，苏洵陪着儿子亲自去向王家提亲了。那年，苏轼十八岁，王弗十六岁。两人终于如愿以偿地从"唤鱼联姻"的千秋佳话中走进了婚姻的柴米油盐里。

至此，"来凤轩"的窗前，总能瞧见一双璧人。趣味相同、情投意合的两人就这样将生活过成了诗，将温情融进了爱里，虽少了许多风流浪漫，却多了相依相持。

苏轼埋头读书时，王弗就在一旁研墨，时不时探过头看看他所读的书目，淡然而沉静；偶尔苏轼卡壳时，王弗会轻声细语地提醒两句，苏轼像发现了宝藏一样赞扬她，她也只是莞尔一笑。

凤翔的府衙里，苏轼招呼客人喝酒、聊天，时而哄堂大笑，时而语重心长，一时间觥筹交错、热闹非凡。等到客人走了，王弗从屏风后走出来，一边收拾残羹冷炙，一边温柔地提醒："朋友之间不需要一味地讨好，真正的朋友也不需要谄媚逢迎和察言观色，朋友就是他有自己的观点，却也尊重你的立场的人。"

老话常说，害人之心不可有，防人之心不可无。要对真心实意的人掏心掏肺，要对花言巧语的人远离。虚情假意要不得，口蜜腹剑远离之。

但也许就如同那凄美却易逝的昙花，王弗的一生注定绚烂却又短暂。

贤内助也好，解语花也罢，他们在风雨中举案齐眉，携手走过十一年。总以为还有许多个十一年，还有无数个复盘提点的夜晚……

这年，苏轼二十九岁，王弗二十七岁。

她来时如春风般悄无声息地渗透到他的心里，走时如寒风般惊天动地地撕扯他的心肺，让他历经十年也无法忘却。

伤痛欲绝的苏轼，写下了开篇的那首《江城子·乙卯正月二十日夜记梦》，传颂千古。

第七章

波折陡生

北宋皇帝不好干，年年要添新岁币。宋英宗继位四年便溘然长逝，北宋迎来了第六位皇帝——宋神宗赵顼。

赵顼是个锐意进取的有志青年，他不只想守护好祖宗基业，更有着想将北宋发展成国强民富的大一统朝代的远大抱负，想成为像唐太宗那样励精图治，一统南北的明君帝王。

但是当时的北宋看似依旧是繁华的盛世，实则空有其表，贫富差距日益增大。长期的重文轻武，让资源、权力大量倾向于文官文士，武将被排挤至边缘，经年累月，造成了极度严重的冗官、冗费的现象，也导致富的更富，穷的更穷。

农民种不起地、吃不起饭，从良民沦落为荒民，又被收编进军队。这本是解决流民问题的好办法，但奈何流民越来越多，即便编入军队却又不受朝廷重视，冗兵现象越发严重，最后竟导致恶性循环。

改革迫在眉睫，但在宋朝，君臣间的上下等级不像其他朝代那么森严，"与士大夫共治天下"的文人共识，也直接造成了文人百官的倨傲自持。作为北宋的最高统治者，宋神宗振臂一呼也没能做到手下百应。因为革新侵害到了这些士大夫的利益，文臣百官谁也不愿放弃惬意奢侈的生活，也就不肯承认国家已经虚弱到需要改革整顿的地步，在改革政令颁发后，贤相文彦博更直接表达了自己的不满："圣上，你是和士大夫们一起管治国家，不是和那些老百姓一起！"

神宗当然知道改革之难，但想到"封狼居胥""燕然勒功"等前人的丰功伟绩，想到在边界雄踞虎视的敌人们，便更激发了他的斗志，坚定了自己的宏图伟志。但改革不仅需要当朝皇帝的支持，更需要能人志士来推行，谁能够作为自己的左膀右臂与自己一同打开变革的大门呢？

就在神宗冥思苦想为此发愁之际，一个合适的人出现在了他的眼前——王安石。

王安石除了是个诗人，还是个有抱负、理想的政治家。王安石虽为"官二代"，但从幼年起便跟随父亲游走于市井百姓中，在考取功名后，又深入民间，深知百姓疾苦，愿意为民众发声。

嘉祐三年（1058），三十七岁的王安石回京述职，写了《上仁宗皇帝言事书》。他在述职报告中一是直言国家积弱积贫的现实状况，并且给出了相应的解决政策：青苗法、免役法、市易法、农田水利法等，旨在以民富带动官府税收收入；二是强调国防力量是国家安全的坚强后盾，北宋实行的养兵政策，使得军队虽然数量庞大，但是质量堪忧，为此希望能够推行新政，用保甲法、裁兵法、将兵法等加强军队战斗力；三是希望朝廷能够改革科举制度，整顿太学，推行唯才用人的措施为变法培养人才。

可惜宋仁宗过于求稳，认为大宋不需要大破大立。帝王的冷漠态度浇灭了王安石的一腔澎湃激情，王安石一气之下，远离了朝堂。如今仁宗和英宗都已不在，朝堂上迎来了心怀伟大理想的宋神宗。

在宋神宗眼中，王安石的变法之策是不可多得的明珠之策。于是继位一年后，神宗就迫不及待地将王安石调回了京师，并准备启用一批新干，好开展他改革的宏图伟业。

他封王安石为翰林学士兼侍讲，将王安石时常留在身边，以便两人商议改革之事，神宗对王安石对当朝局势的研判及变法之策亦是十分赞赏，就这样，变革的雏形在君臣二人的日常交谈中初步确定。

神宗力排众议全力支持王安石变法，王安石也准备大刀阔斧大干一场。但理想与现实之间总存有鸿沟，何况他们面对的是错综复杂的势力与利益。朝臣们分化为两派，一派支持改革创新，一派反对新政变法，在后世，我们称他们为"守旧派"和"革新派"。

改革就像一场洗牌，是对利益进行重新分配，将既得利益者手中的钱权分散到其他人手中。然而既得利益者也不会轻易让步，新旧两派免不了唇枪舌剑、针锋相对，更有甚者搞得家不和睦，比如曾巩和弟弟曾布，一个是守旧派司马光手下的大将，一个是王安石革新派变法的推行官，两人同受儒家教育，却在朝堂对弈时，吵得面红耳赤，将兄弟情谊都忘得一干二净。但苏轼和苏辙两兄弟却三观相合，政见一致，丁忧回朝时，手拉手一起站在了以司马光为首的守旧派队尾。

苏轼曾在地方任职，深知民间疾苦，在他看来，王安石的出发点是好的，但方法过于激进。比如青苗法，短期内确实能充盈国库，增加财政收入，但官府放出的高利贷多了强制性的枷锁，如果老百姓借了却还不起，就只能落草为寇。

于是苏轼向神宗进言："陛下生知之性，天纵文武，不患不明，不患不勤，不患不断，但患求治太急，听言太广，进人太锐。愿镇以安静，待物之来，然后应之。"一番实论，辅以舌灿莲花的口才，让神宗刮目相看，却也令他成为王安石的眼中钉。

王安石因为执拗得了个"拗相公"的外号，甚至在坚持实行"改革变法、强国富民"这个毕生理想上，不惜与自己最好的朋友韩维闹翻了——王安石一力推行的保甲法，很快就让韩维镇守的地方发生了暴乱，韩维上书请求调整执法进程，却被免除了官职，俩人情谊也因此走到了头。

得知苏轼劝说神宗要广泛听取言论，王安石劝谏神宗："皇上不能太优柔寡断，没有主见，容易被人拿捏，还是独断铁血点为妥。"司马光、欧阳修这些德高望重的老臣给王安石讲道理，结果却是骂也骂不过，打也不敢打，一个个都被罢官回乡：张方平回了河南陈州（今淮阳），欧阳修隐退到了安徽颍州（今阜阳），就连苏轼的弟弟苏辙也没扛住，自请出京以避风头。

苏轼也有一股子拗劲儿，不但不走，反而还要和王安石对着干。本来他一而再，再而三的上书，锲而不舍的精神已经撬开了神宗这个"顽石"的一丝裂缝，结果却因性格里缺少低调、隐忍的因子，高调地到处宣扬，被王安石逮个正着。王安石稍稍动了点小心思，就让苏轼整日被政务缠身，希望他无力再出来与自己唱反调。

王安石只当苏轼是以卵击石，却没料到这颗鸡蛋如此坚硬。饶是忙得焦头烂额，仍然不遗余力地向神宗上书，坚挺了好几个年头。在执掌开封府推官时，苏轼利用职务之便，以"晋武平吴以独断而克，符坚伐晋以独断而亡，齐桓专任管仲而霸，燕哙专任子之而败，事同而功异"出了一道考题，意在抨击新法的弊病。

两个如此执拗的人，又三观不合，自然是无法和平共处的。王安石不肯正视改良新法的问题，反而想要解决提出问题的苏轼。欲加之罪，何患无辞？他让下属御史谢景温利用职务之便，"搜刮"出苏轼几条干巴巴并无实据的罪状来——苏轼在扶丧回眉山的路上滥用职权，大肆揽财，偷运私盐，从中牟利。

苏轼对王安石用如此下作的方式陷害诬告自己很是不

齿，想到自己该向皇帝表的衷心表了，该诤谏的也谏了，反对的话说了，权贵也得罪了，于是呈告天子，自请调任他处，不再任职京官。

诡桀的政治斗争虽然不像前朝那样腥风血雨，但是权谋构陷也让苏轼早已做好了必死的准备，只是如果能在夹缝中生存，谁又会想去死呢？

神宗也确实是爱才，既然不能拉拢苏轼，那将他放到地方做个太守，也算没有埋没苏轼的一身才华。但在王安石的阻拦下，神宗三思后将苏轼派遣去杭州做了通判。

抛却了朝堂的纷纷扰扰，苏轼的心情随之乐以忘忧，一路南行，一路潋滟晴光。

第八章

潋滟晴光

苏轼一路从开封到杭州，途经陈州便前去探望在此地任职的弟弟苏辙，在弟弟家住了两个多月，眼看上任之期将近，才恋恋不舍地收拾行囊踏上路途。

苏辙也舍不得兄长。此去一别，不知再见是何年。于是送完一程又一程，居然送到了前朝宰相欧阳修隐退闲居之处，两人干脆相携绕道去探望欧阳修，三人不论国事，把酒闲谈，席间言笑晏晏，一派祥和。

欧阳修听闻苏轼要去杭州赴任，便向他介绍杭州有名的和尚慧勤，大夸慧勤行事有章法，肚里有学问，是个不可多得的人才，可以作为知心之友结交。

苏轼听到欧阳修都不吝赞赏，对这位博学大师很是好奇，到杭州报到后，就急匆匆地想要去拜访这位朋友。

妻子闰之望了望外面阴气沉沉快要下雪的天空，忙叫住他："今天可是腊日，节日里该在家过节才是。"

苏轼一本正经胡诌道："正因为是过节的日子，才更应该去拜访，显得我很重视人家。"

王闰之是个对丈夫满怀崇敬之情的贤妻良母，听他这么说，也只能点点头，随他去了。

将要下雪的天气，又赶上过节，路上空荡荡的早没了人影，往日里藏匿的飞鸟和游鱼却都热闹起来，唱的唱，游的游，见了形单影只的苏轼也不害怕了。

慧勤住在西湖旁的孤山寺，苏轼是一路小跑着去的，从出门就憋了一肚子的诗句，等到见了慧勤和尚，开口便调皮地说道："腊日不归对妻孥，名寻道人实自娱。"一下子将两人的关系拉近了不少。

而慧勤也如欧阳修所说，谈诗论经，样样精通，很对苏轼的胃口，他和慧勤、慧思两个和尚聊到仆从频频催促才起身回家，回了家还意犹未尽，写了首《腊日游孤山访慧勤、慧思二僧》，用文字记述下自己的心情。自此以后，他更是时常去孤山寺和慧勤、慧思两人畅谈哲学，切磋文墨。

有人说苏轼没心没肺，刚刚才被贬到杭州，就到处旅游观光。

春天牡丹花开的时节，苏轼和杭州百姓们一起赏花、喝酒。热闹的气氛里，一不小心酒喝多了，醉意醺醺地走过十里长街，引得路人哈哈大笑，而他不仅不觉得难为情，还写诗记了下来："人老簪花不自羞，花应羞上老人头。醉归扶路人应笑，十里珠帘半上钩。"

初秋的一声惊雷，一场暴雨，也能让他诗兴大发，比如他写下的《有美堂暴雨》：

游人脚底一声雷，满座顽云拨不开。

天外黑风吹海立，浙东飞雨过江来。

十分潋滟金樽凸，千杖敲铿羯鼓催。

唤起谪仙泉洒面，倒倾鲛室泻琼瑰。

钱塘江潮因天体引力和地球自转的离心作用，加上杭州湾喇叭口的特殊地形形成了特大涌潮的现象，造就了"天下第一潮"的奇观。历朝历代很多文人墨客都争相咏叹，如罗隐的《钱塘江潮》——"怒声汹汹势悠悠，罗刹江边地欲浮。"又如刘禹锡的《杂曲歌辞·浪淘沙》——"八月涛声吼地来，头高数丈触山回。须臾却入海门去，卷起沙堆似雪堆。"

苏轼自然也要去钱塘江观潮，看到潮水以汹涌之势奔腾而来，忍不住连连惊叹："八月十八潮，壮观天下无。"

散心的人就要玩个痛快，而杭州最美的是西湖。熙宗五年（1072），苏轼乘船游览了西湖美景后，一口气连作五首《六月二十七日望湖楼醉书》，可是比起这五首，他在次年二月一个阳光晴好的日子里，游览西湖后，所作的《饮湖上初晴后雨二首·其二》，令人对西湖更加神往。

水光潋滟晴方好，山色空濛雨亦奇。

欲把西湖比西子，淡妆浓抹总相宜。

昔年同窗孙觉在湖州当知府，听说苏轼来了杭州，便带着湖州紫笋茶、乌程酒等名产前来探望。苏轼见到许久未见的朋友，体会到了"有朋自远方来，不亦乐乎"的心情，拉着他游山玩水，好不自在。

而他带给苏轼的精美茶酒，也让其念念不忘，等到后来苏轼自己去湖州出公差，还向孙觉打听有没有更好吃的名点，离开时还带了许多当地的茶酒。

孙觉盛情款待之余，还把女婿黄庭坚的诗文拿出来给苏轼看，他夸自己的女婿诗文通达、才思敏捷，言语间大有让苏轼教授几番之意。可惜那时黄庭坚远在京城国子监任职，异地师徒多有不便，此事只能暂时作罢，直到后来苏轼收了晁补之为苏门大弟子后，黄庭坚也才入了门。

苏轼去富阳处理公务，结束后会抽空跑到普照寺游山闻香。一番景色美不胜收，情浓时他作诗云："长松吟风晚雨细，东庵半掩西庵闭。山行尽日不逢人，浥浥野梅香入袂。"辗转新城公干时，见到西崦人家屋头青烟袅袅，又作诗云："西崦人家应最乐，煮芹烧笋饷春耕。"就在此地，他碰到了对他的才华倾慕已久的晁家父子，三人共进晚膳，席间言谈甚欢。

等第二年再去拜会时，晁补之特意把自己描写钱塘人文风景的作品《七述》拿给苏轼看。

苏轼从不吝夸奖，看罢文章拍手称绝，一通海夸，说他

"于文无所不能，博辩俊伟，绝人远甚，将必显于世"。当即开创了"苏门"，要收他做第一门生，此后两人以师徒相称，经常一起作诗写词，切磋一二。

不过晁补之虽然才学深厚，却崇拜陶渊明的田园风尚，骨子里有一股消极避世的因子时常作祟，所以文章少了几分苏轼的磅礴气势。

在杭州，苏轼把自己调整成最激越的状态，除了常常流连湖光山色这些自然美景，还经常往来于勾栏院行诗对酒，看胭脂红粉，听靡靡之音，偎红倚翠，夜夜笙歌。

宋朝的官妓大多由当朝罪人的家眷组成，由朝廷统一管理，一生不得从良，但也有例外。凭借无可比拟的才气与手握权力的上位者相助，也有官妓逃出这虎狼窝，重获了自由身。

在一些官妓的眼中，苏轼是一位还算君子的上位者。比如有一美人就在苏轼面前哭哭啼啼，以人老珠黄为由，哄得苏轼签了"解聘书"，欢欢喜喜从了良。

这一"成功案例"引得杭州城的官妓纷纷效仿，想要求得脱籍，其中就有杭州第一官妓周韶。

周韶善舞善歌又善诗，很多风流名士都喜与她交游，茶艺大师蔡襄更是她的座上之宾。两人几次斗茶对诗，蔡襄都输给了这位名妓。

但同时，人人皆知，周韶是太守陈襄的心头宠。

陈襄为人清明，个性强硬善谈吐，年轻时曾被宋神宗派去出使辽国。善骑射的辽国人瞧不起文弱的宋人，自然也看不上陈襄这个文人，交流时大摆筵席，却专设小座招待他。忠君爱国的陈襄为了维护国家和宋神宗的尊严，不顾个人安危，据理力争，坚决不入座。谁料得罪了辽国使官，被其反咬一口，向神宗恶人先告状，说他不尊重人，没礼貌。神宗为维护两国邦交友好，只能委屈陈襄，将他发配京外去了。

无独有偶，苏轼也是个忠君爱国的硬骨头。

有一年高丽来给大宋进贡，带了几箩筐礼品，要一一分送给在职的官员，结果因为派来的使者不懂礼数，拜门书函用的是甲子纪年。

苏轼一看不高兴了："弹丸小国，前几天还点头哈腰对我大宋俯首称臣，转过身却不用我大宋的年号，这不是折辱我大宋吗？"使者后来换了写熙宁年号的书函，才进了苏家的大门。

如今陈襄成了苏轼的上司，脾性相同的两个人，在交谈中发现俩人对时政的谈论见解相合，都认为新法所倡导的青苗法弊大于利，从而迅速达成联盟，都成了王安石的政敌，关系更是迅速拉近，相差二十来岁的俩人，互相引为知己。

俩人不但思想境界在同一高度，而且兴趣爱好也有许多共同之处——爱玩，爱酒，爱走马章台、寻花问柳。

不同的是，人到中年，有趣的灵魂更能勾动苏轼的心魂，王朝云便是一个，陈襄却对好看的皮囊情有独钟，独宠名妓周韶。

周韶也想从良，于是以才华为由，请求苏轼帮忙脱籍。苏轼虽有恻隐之心，但也实在为难。无论私下里和太守多么熟稔，太守终究是自己的顶头上司，如果做了夺人所好的事，难免被怀恨在心，甚至会被参一本到天子跟前，到时候丢了饭碗可就得不偿失了。

但瞧着美女泫然欲泣、一副楚楚可怜的模样，苏轼也不好硬邦邦地拒绝，只好委婉地道："你可是艺妓界的翘楚，我要是帮你脱籍了，不说文人雅士们会伤心难过，恐怕艺妓界也要就此一蹶不振了。"

苏轼的"情真意切"说得周韶一愣一愣的，过了好久才回过味儿来。

周韶在服丧期间还被陈襄拉出来陪酒陪唱，对象是来杭州公干的天文学家苏颂。

苏颂出身闽南望族，是个极富浪漫情怀的公子哥儿。几杯黄酒下肚，周韶就凭着长久在歌舞筵席中练就的识人本领，大概摸清了苏颂的脾性，顿觉脱籍有望，当机立断跪倒在地，梨花带雨地祈求苏颂准许自己从良。

白衣素裹的周韶我见犹怜，苏颂大概也动了恻隐之心，假意为难地说："我最不喜欢做夺人所爱的事儿，不过……"他指着廊下笼内的白鹦鹉，"你要是能以它为题，吟一首好诗，我就替你向陈太守求情。"

惊喜来得太突然，周韶立刻调整好自己的状态，看着笼子里的鹦鹉，略一沉吟，便提笔写道："陇上巢空岁月惊，忍看回首自梳翎。开笼若放雪衣女，长念观音般若经。"

苏颂将诗词递给其他人赏看，众人看后，无不拍手叫好。而苏颂也言而有信，当即同意了周韶从良的事。正所谓几家欢喜几家愁，苏轼和陈襄面面相觑，但筵席上为顾全脸面也不好阻拦，只好摸摸鼻子惋叹一声。

据说周韶离开时，许多好姐妹前去送行，其中和她最要好的两个姐妹龙靓和胡楚的才情也很出众，分别作诗送别。

周韶走后，苏轼为安慰痛失所爱的陈襄，又是陪着闲逛，又是陪着痛饮，还几次三番作诗安慰："草长江南莺乱飞，年来事事与心违。花开后院还空落，燕入华堂怪未归。世上功名何日是，樽前点检几人非。去年柳絮飞时节，记得金笼放雪衣。"

古代文人大多喜欢寻花问柳，王安石可算其中的异类了。

在有钱有权的人家流行以养家妓的数量彰显面子的宋朝，就连苏轼也养家妓自我消遣或者招待客人，王安石终其一生却只有一位发妻吴氏，且从不踏足声色场所。连深受封建思想毒害的妻子都看不下去，花了九十万给他买了一个妾，还亲自送到他的床上，王安石也拒不接受，原封不动地将买来的妾室送了回去，还给了她很多钱财，让她回去好好过日子。

　　他一心钻研变法之事，对声色犬马之事根本没半点兴趣，只是他绝没料到也不愿承认的是，明明自己变法的初衷是强国富民，可结果却事与愿违，反而将老百姓推进了更加水深火热的苦难里。

第九章

踽踽独行

　　孔子说，温故而知新，可以为师矣。北宋的文人从小接受儒学文化的熏陶，日复一日，年复一年，学习明经诸科，文人名士从小就能对诸子百家之文史著作倒背如流，想要登科及第的仕子更是会悉心钻研文章著作，只为能融会贯通，学以致用。

　　但王安石的新法却摒弃了文人学子的优势，改考他们并不熟悉的经义和策论，这就造成了在改革初期，善钻营的投机者接连上位，而真正有才识的学子却落了榜。

　　熙宁四年（1071），苏轼主持杭州乡试，新的考试用人法违背了他这个反对激进改革者的意愿，看到怀抱才华的人无法得展抱负，他为不得势的人才鸣不平："秋花不见眼花红，身在孤舟兀兀中。细雨作寒知有意，未教金菊出蒿蓬。"

　　苏轼就是这样，喜欢借诗句抒发情绪，高兴了作诗，不高兴了也要作诗，哪怕已经吃过口无遮拦的苦了，却仍然不肯改。

　　看到毫无休止的秋雨淹没了农人的庄稼，自己却因为新法的无情而无能为力，苏轼遂以一首《雨中游天竺灵感观音院》讽刺毫无作为的同僚上司：

蚕欲老，麦半黄，山前山后水浪浪！
农夫辍耒女废筐，白衣仙人在高堂！

被派去做开凿运盐河的监理，亲眼看着被强征来的百姓，在雨天踩着泥，挥着铁锹开凿河道，不敢叫苦，不能叫累，摔倒了连忙爬起来，裹着满身的泥浆仍然继续挥动锄头。眼前的场景无比凄苦，但苏轼却无能为力，当政者将所有的反对和不忍都一概压下，更有甚者说他"妇人之仁"，教诲他："成大事者，格局要打开，目光要长远，否则，连与畜生争道的机会都没了。"

苏轼虽为通判，但却处处受限，除了喝酒排忧，便只能作诗。"乞食绕村真为饱，无言对客本非禅。披榛觅路冲泥入，洗足关门听雨眠。"此外别无他法。

苏轼在仕途之路上砥砺前行了十多年，不是不明白"不能在失意的时候也失了态"这个道理，但他依旧坦诚地将情绪发泄了出来。别人说他口无遮拦也好，说他坦然旷达也罢，他都不在意，因为他坚守的是自己耿直的爱国之心。

然而在有心人眼中，发过的牢骚就成了刺向苏轼最尖锐的匕首。苏轼对来杭州巡查的前同事沈括盛情款待，甚至掏心掏肺诉衷肠，然而却为自己招来了祸端。

沈括生于贫家，少时努力进取，等到做了官，却工于心计，结党营私，甚至不惜用谄媚、算计、背叛等手段戕害同僚。

在王安石变法时，他权衡比较，审时度势，投靠了以王安石为首的改革派，攀上了高枝后官职自然也是水涨船高，很快就成了当今天子身边的红人。

天子派他来杭州巡查，走前曾向他提起，苏轼的文采卓绝，本意是希望沈括可以借机拉拢，最好能让苏轼也赞成变法，一起完成这宏图大业。沈括表面上点头答应，内心却对苏轼有了谋害之心。

面对苏轼的盛情，沈括虚与委蛇。他假意称赞苏轼的文章练达俊逸，兼有侠义之风，临走时还特意向苏轼讨要了几篇诗文。这并不是因为沈括欣赏苏轼的才华，只不过是他想拿着苏轼讽刺时事的文章去向天子告状。但苏轼却以为沈括是真的赏识自己，对他十分信任。他当即作诗留与沈括，在诗文中详细阐述了自己忠君爱国却得不到重用，有满腔抱负奈何无人赏识的处境，并针砭时弊，对当下的状况进行了抨击。

苏轼掏心掏肺的坦诚相待，都成了沈括构陷他的证据，他给苏轼扣上了反对变法、意图不轨的大帽子，挑拨天子与苏轼的关系，希望天子对苏轼进行严惩。虽然宋神宗慧眼识人，并不相信沈括的诬陷，但这件事却让苏轼心里非常不痛快。后来李定、舒亶等人陷害苏轼，根据的就是沈括的言辞，但这些都是后话了。

眼下发生了一件让苏轼无比心痛的事——他向来十分敬重仰慕的恩师欧阳修去世了。

双重打击之下，苏轼再也抑制不住心中的苦闷。无论平日多么坚强，此刻也会感到孤独、难过和害怕，想到自己满腔抱负无法施展，只能眼睁睁地看着国家一步步走向衰败，看着百姓的生存状况越来越恶劣，他终于忍不住失声痛哭。

苏轼去常润出差，除夕夜只能在常州城外的一艘船舱里度过，望着远方炊烟袅袅，听着岸边喧嚣的歌声，两相对比，孤独与寂寞成倍增加，一时间泪水成灾："行歌野哭两堪悲，远火低星渐向微。病眼不眠非守岁，乡音无伴苦思归。"

但哭过、怨过之后，苏轼仍然要拾掇好心情，擦干眼泪，努力扮演好该扮演的角色，努力做好该做的事。好在在此之前，苏轼已迎来了他政务上的新搭档——陈襄。

陈襄是个心中有百姓的好官，他到杭州任职，干的第一件实事，就是疏浚前人李泌挖凿的钱塘六井。

杭州水多，但多是海水，水质恶劣，又苦又臭。山泉水虽然干净，水质又甘甜，但相距甚远，使用起来耗费的时间和人力成本巨大。唐朝名臣李泌到杭州任职时，在勘察了当地地形后，开凿了六口水井，引西湖水过来，才解决了当地百姓吃水难的问题。等到了苏轼这个时期，因年代久远，淤泥积聚，堵塞了沟渠，百姓再次陷入吃水困难的境地。

陈襄和苏轼经过实地考察，发现南井沟虽地势低洼，可是井高，水在地底下流淌，井中却无多少水，因此常常供应不过来。

了解了情况后，陈襄对挖渠引水的事胸有成竹，拍着胸脯向百姓们承诺："有我在，定能让大家喝到干净的水。"

经过一系列严格的考察筛选，陈襄将引水的工程交给了当时的水利专家——和尚仲文和子圭来办理。苏轼则跟着二十几个人疏通被杂草泥浆堵塞的井口，修补破损的井壁，挖凿沟渠。不久，相国井便疏通了，水从管道里奔涌而来，满溢出井坎，潺潺地向南流入漕河——运输皇粮的交通要道，一路畅通无阻。

好的上司往往也能培养出有责任感的好下属，在施工过程中，大家发现另一方井靠近污浊恶臭之地，怕污染了水质，还特意将井向西迁移了少许。

干实事的人，深受老百姓爱戴，就连苏轼也专门写了篇《钱塘六井记》来歌颂陈襄的丰功伟绩，两人由此也成了至交好友。有一回苏轼出差回来，赶上牡丹节的节尾，得知陈襄今年还未曾踏赏牡丹，立马以诗邀友，两人一醉方休。

但离别是人生的常态，陈襄在杭州的公务结束被调往了他处。临别时，苏轼在有美堂里张罗了一桌送别酒，几杯黄酒下肚，看着钱塘江水，重情重义的苏轼忍不住作词《虞美人·有美堂赠述古》感慨：

> 湖山信是东南美，一望弥千里。使君能得几回来？便使
> 樽前醉倒、更徘徊。
>
> 沙河塘里灯初上，水调谁家唱？夜阑风静欲归时，惟有
> 一江明月、碧琉璃。

　　谁都知道，古代交通不发达，此去一别，再见恐成奢望。所以陈襄走的那天，苏轼追着他一路送他上船，不舍与相惜的话说了一句又一句，希望常联系，希望还能有再见的时候，一起喝酒，一起寻春。等船开了，他还站在岸边遥望着船头的身影，努力地挥手，直到那船与人渐行渐远，都消失在了天际。

　　再次失去了交心的朋友，体贴的上司，苏轼觉得工作似乎也不如以往顺遂了。他的感觉其实并没有错，因为有一场更大的灾难正向他走来。

　　就在陈襄走后的那个秋天，泛滥成灾的蝗虫打得苏轼措手不及。蝗虫自西北而来，如大军压境，乌泱泱地侵占了农田，毁了即将丰收的庄稼，苏轼一边带着人全副武装下田捕蝗，一边上奏朝廷告知灾情，请求支援。

　　可是新法下的大宋只能是太平盛世，容不下这种凶年饥岁，于是朝臣们欺上瞒下，造假说谎，只为粉饰太平。

迟迟等不来援军的苏轼怒火中烧，写了一封《上韩丞相论灾伤手实书》，撕开了外表华美的袍子，将恶臭的虱子抖搂一地："自入境，见民以蒿蔓裹蝗虫而瘗之道左，累累相望者，二百余里，捕杀之数，闻于官者几三万斛。然吏皆言蝗不为灾，甚者或言为民除草。使蝗果为民除草，民将祝而来之，岂忍杀乎？轼近在钱塘，见飞蝗自西北来，声乱浙江之涛，上翳日月，下掩草木，遇其所落，弥望萧然。此京东余波及淮浙者耳，而京东独言蝗不为灾，将以谁欺乎？"

出仕是潮流所趋，是生活所迫，可做一个好官，却是心之所向，是一辈子坚持的理想。踌躇满志不得意，他也想有人能安慰自己此刻悲痛愤慨抑郁伤痛的心，于是拿出纸笔，给弟弟写信，寄去两首诗，《捕蝗至浮云岭山行疲苦有怀子由弟二首》。

其一

西来烟障塞空虚，洒遍秋田雨不如。

新法清平那有此，老身穷苦自招渠。

无人可诉乌衔肉，忆弟难凭犬附书。

自笑迂疏皆此类，区区犹欲理蝗余。

其二

霜风渐欲作重阳，熠熠溪边野菊香。

久废山行疲荦确，尚能村醉舞淋浪。

独眠林下梦魂好，回首人间忧患长。

杀马毁车从此逝，子来何处问行藏。

苏辙很快回信："哥，别硬撑了，累了就到我这儿来吧，弟永远都在。"

于是任期一满，苏轼便打点行装，请求调往山东任职，去济南和弟弟团聚。

第十章

凌云壮志

因为朝廷官吏的不作为，本来地域性的蝗灾，最后竟发展成全国性的灾难，就连密州也因为蝗虫之灾成了人间炼狱。

彼时的苏轼抱着团聚的心情，舍弃了相对舒适的水路船行，一路马不停蹄地奔往密州任职太守。他还在畅想着与弟弟重逢的喜悦，但沿路连天的哭声却让他的心情越发沉闷。

因为蝗灾，百姓本就颗粒无收，结果还被强硬的赋税搜刮得一贫如洗，为了生存而带着孩子踏上逃荒路，但时年太过艰难，孩子也成了最大的累赘，不知有多少人狠着心把骨肉扔在了路边。

在弟弟的打探下，苏轼得知与自己做搭档的刘庭式是个重情重义的男人：在发迹之前，与一贫家女相爱，但一场重疾让他的爱人变成了盲女，刘庭式功成名就后，即便有好事者撺掇刘庭式移情别恋，不必履行这口头之约，刘庭式也依旧保持对爱情的专一，说："她没瞎的时候，我爱她；她瞎了，我照样要和她白首不相离。"

只可惜造化弄人，到密州不久刘庭式的妻子便先他而去，此后也有同僚、朋友张罗着要为他续弦，连苏轼也跟着起哄。

"何时倚虚幌，双照泪痕干。"

身陷囹圄的杜甫，还有一生一世一双人的浪漫，可刘庭式再没有人陪他一起"望"月，为他擦干眼角的泪。往后余生，他将带着两个人的思念，踽踽独行。

苏轼不解，问他："哀因爱而生，爱因色而生。你娶盲女，与之偕老，是义。爱从哪里来，哀又从哪里来呢？"

刘庭式说道："好看的皮囊千千万，但与我灵魂相契合的只有她一个，谁也无法取代她在我心里的地位。"

苏轼或许不会懂，有些人爱过便是一辈子。可在那个深夜，他还是不可名状地想起了早已化为一抔黄土的发妻王弗，自己也曾与她性情相投，灵魂相合，哪怕时至今日再想起，仍然能感受到当初那撕心裂肺的深情与肠断，于是当日他便写出传颂千古的悼亡词《江城子·乙卯正月二十日夜记梦》。

可人总要向前看，他只能以过来人的口吻安抚刘庭式："你这样重情重义的人，以后哪怕不能大富大贵，也会过得很好。"

然而必须要抛开儿女情长，因为当务之急是想办法应对密州肆虐的蝗灾，思考如何将损失降至最低。

于是苏轼组织手巧的农妇结网，让身强力壮的农夫下田捕虫，再燃起一堆堆篝火，将蝕害投进火中，烧成齑粉。

天灾引发人祸，人祸本质上却是人心的沦丧。百姓生活的物质基础遭受重创，可装聋作哑的朝廷看不到人间的疾苦，不顾百姓们濒死的呼喊，有人为了吃一顿饱饭，只能去偷，去抢。朝廷派人镇压，但手段无非是以杀止杀，以暴制暴，这就导致了不少人聚结成匪，烧杀抢掠，无恶不作。

苏轼无法做皇帝面前受待见的政客，却因有一颗悲天悯人的善心，广受百姓的爱戴。他下定决心要守护好这片土地上的黎民百姓。不但亲自投身黄泥捕捉蝗虫，还扛起大刀追进山谷里挥刀杀匪。曾经风流倜傥的文人骚客，如今就连掌心和脚板都生生磨出了薄茧。

当仓库的粮食不够赈济民众时，苏轼带领一众官吏同劳苦百姓一起摘杞菊、嚼菜根，就这样，苏轼还苦中作乐，拍着咕咕直叫的肚子打趣道："听说陆龟蒙吃杞菊吃得腰不酸、腿不疼、一口气能爬五座山，我也多吃吃，说不准还能返老还童、延年益寿呢。"

"何者为贫，何者为富？何者为美，何者为陋？或糠核而觚肥，或粱肉而墨瘦。何侯方丈，庾郎三九。较丰约于梦寐，卒同归于一朽。吾方以杞为粮，以菊为糗。春食苗，夏食叶，秋食花实而冬食根，庶几乎西河南阳之寿。"

一餐粗鄙的饭菜，也能吃出深刻的人生感悟："人活在这世上啊，就得能屈能伸。"

可能屈能伸的苏轼时常被"旱魃"虐身虐心，实在撑不住的时候，得知常山顶有一座神祠，吸收了天地之灵气，可以通达上庭，古人常在此祈雨祭神，有求必应，于是斋戒沐浴，到常山顶的神祠里祭神祈雨，盼望能求得一场秋雨来怜惜苦旱的庄稼，救民于水深火热之中。只不过雨神吝啬，一场大雨过后，再不愿显灵。这让苏轼再不敢把民生的问题全盘寄托在诸天神佛中。他亲自爬上山，勘察地形，终于在神祠的西南方向，发现了一股隐匿的清泉。大喜之下，他又同凿石修道的队伍一起，将泉水引到山下。

解决了又一个老大难的问题，苏轼自然要庆祝一番，放松一下紧绷的心弦，但因为限酒令，开怀畅饮也成了一种奢侈。苏轼败兴而归，在冷清的夜里，见家家户户大门紧闭，不免觉得孤单、寂寞、无聊。

僻远的山城除了地理上的穷山恶水之外，人文更是一片荒芜，匮乏的夜生活实在比不上灯红酒绿的杭州。

想起江南的诗情画意，那看不尽的美景，揽不完的佳人，吟不完的诗，喝不尽的佳酿；再对比萧瑟粗犷的密州，连本该盛装游玩的元宵佳节，也是敲锣打鼓祭拜天地，祈求来年庄稼丰收，吃得饱穿得暖，苏轼心中一片惨然。

当初来这里不过是为了和弟弟多一些相聚的日子，可忧民的人，无法心安理得地独乐乐。密州的一举一动都牵动着他的心，他吃不下饭，睡不着觉，挤在人群里，忍不住祈愿瑞雪兆丰年，来年有个好年景。

他是爱生活的人。即便密州的风土人情哪哪都不习惯，他也要在困境里找寻一个超然舒适的环境。官舍的装修是必然的，庭院的姹紫嫣红、亭台楼阁以及小桥流水也是必不可少的灵感空间。

苏轼所居之北有一座历经兵乱的旧城台，视野极好，能将整个密州城的风景尽收眼底，于是他在修整庭院的时候，连着一起修葺了高台，并加以装饰，不久便能登台娱乐了。

想起刚来密州时，房子是粗木造的，庭院里荒麻丛生，庄稼没有收成，填不饱肚子，只能靠野草野菜充饥，而如今登高望远，竟有一种虽然身体被局限在小小的密州城里，可心却早已驰骋在无边的天际里的自在。

向南可看到雾气缭绕的常山，仿佛真有仙人隐匿山中；向东可望庐山，那是为始皇寻仙问药的秦人卢敖隐遁的地方；西边的穆陵关上，记载着姜太公与齐桓公这般英雄豪杰的丰功伟绩；而北方的淮河水，仿佛倒映着苏轼眼里"志吞六合、气盖万夫"的淮阴侯韩信……

苏轼也有挥剑杀敌的雄心壮志和抛头颅洒热血的英勇无畏。在庆功的猎宴上，多喝了两杯酒，在鼓手敲响喧天的鼓乐，辖区内的老百姓挤挤攘攘着围观苏太守的雄姿时，苏轼再也压制不住心中的豪气。他跨上马背，脸上挂着两坨微醺的红晕，大声疾呼："我要去打一头老虎，来给兄弟们当下酒菜！"

抓过虫，拿过刀，伤过人的苏轼，谁也拉不住，谁也劝不住。热闹的宴会里，也不会真的有人去阻拦，反而趁机起哄者还要使劲称赞与怂恿。于是便瞧见山林间，一人策着马，追着鹰，拉满长弓，大吼一声："猛虎何在？苏轼前来射之！"随着离弦的箭，那首气势磅礴的千古绝唱《江城子·密州出猎》也由此诞生。

> 老夫聊发少年狂。左牵黄，右擎苍，锦帽貂裘，千骑卷平冈。为报倾城随太守，亲射虎，看孙郎。
> 酒酣胸胆尚开张。鬓微霜，又何妨！持节云中，何日遣冯唐？会挽雕弓如满月，西北望，射天狼。

多日的苦闷有所舒缓，可是开心不过一瞬。弟弟托人来信，告诉他自己因政务繁忙，不能应邀前来相见了，只能为他新建的城台取名"超然"作贺。名字取自老子的《道德经》——"虽有荣观，燕处超然"，信中满是对他壮志未展的安慰和理解。如果说理想是支持苏轼一直坚持下去的动力，那么兄弟间的亲密无间、祸福同当便是支持着苏轼的最强后盾，如今兄弟虽近在咫尺而不能相见的局面又令苏轼陷入了伤感。

于是，八月十五夜，苏轼作词《水调歌头·明月几时有》来排遣寂寞，隔着千山万水，遥祝亲朋好友平安喜乐。

　　明月几时有？把酒问青天。不知天上宫阙，今夕是何年？我欲乘风归去，又恐琼楼玉宇，高处不胜寒。起舞弄清影，何似在人间！

　　转朱阁，低绮户，照无眠。不应有恨，何事长向别时圆？人有悲欢离合，月有阴晴圆缺，此事古难全。但愿人长久，千里共婵娟。

第十一章

徒知徐州

　　苏轼或许从未想到过，不知有多少大臣被迫离开政治中心都没能阻止变法这件事，却被王安石器重的守门小吏郑侠做到了。

　　郑侠颇有才学，二十七岁便高中进士，他本就十分景仰王安石，在如愿得到赏识后，很快升职加官做了光州的司法参军，于是发誓要发奋图强、励精图治，做一个为国为民的好官，来报答伯乐的知遇之恩，但他在看到百姓的疾苦后对伯乐的政策产生了怀疑。

　　"乐岁终身苦，凶年不免于死亡。"

　　新法施行到光州时，弊端渐渐显露出来：百姓被迫失去了赖以为生的土地，只能租借土地成为佃户，但若遇上天灾，许多人无法给地主交足钱粮，要么沦落到要死不活的挣扎中，要么就只能背井离乡，落入逃荒的队伍。

　　看着大批灾民流离失所，生无可居，郑侠不止一次地劝谏王安石，希望他能对症下药，修改不当的新法。

　　可眼下国库空虚，税赋是扩充国库的关键来源，王安石对自己赏识之人最大的让步，也不过是免了小商小贩的部分税收，将过于沉重的商人赋税减免了十分之七，但往后任凭别人再说什么，执拗的王安石也不肯将新法做任何修改。

郑侠是个直性子，坚持不懈地写信陈述百姓的困苦，然而那些掺杂了他血泪的信件，统统被无情地当作垃圾扔掉了。他特意去拜访王安石，直面陈情，没想到王安石却嫌他聒噪，从此再不放他进门了。

熙宁七年（1074），万物萌芽的阳春三月却没有一点生机朝气，冬春未雨，使得山泉停流，河道干涸，大地皲裂，看着城墙根下冻死、饿死的百姓惨状，郑侠忍无可忍，回家画了一幅《流民图》，写了一篇《论新法进流民图疏》，请人交与神宗，但朝廷彼时正被王安石把控，没人敢接他的递呈。

他只好铤而走险，假称紧急密报，通过官方驿站，由第二等的马递方式，直达银台司，送到了神宗的手里。

新法施行以来，民间怨声载道，神宗何尝不知百姓疾苦？只是直到亲眼看到《流民图》，直观感受到孟子口中"老弱转乎沟壑，壮者散而之四方""父子不相见，兄弟妻子离散"的人间惨剧，神宗变法的执念才开始动摇。

谁也不想承认，自己一片好心，到头来却酿成恶果。身为母亲的太后明白神宗的心思，于是只好掩面而泣，将所有罪责推到了王安石身上："王安石乱天下啊！"

脆弱的小农经济，本就扛不住肆虐的天灾，何况再加上人祸，如若再不治理，恐怕这天下就要大乱了。

亡羊补牢，为时不晚。于是开封府削减免役钱，开仓放粮，赈济荒民，各地迅速停止征收青苗钱、免役钱，以及方田、保甲法也都相应停罢。而被扣上"乱天下"罪名的王安石，顷刻间从一人之下的宠臣，被贬为吏部尚书，任观文殿大学士、知江宁府，同时这也表明第一次变法失败了。

原以为变法就此偃旗息鼓，谁料神宗只是一时动摇，实则内心无比认同王安石。他们都不甘心变法就这样不了了之，于是不到一年，王安石被重召回京，打了守旧派众人一个措手不及。

苏轼一口气憋在喉咙里没喘过来，愤愤地写了首《花影》，嘲讽王安石就像块粘在神宗身上的狗皮膏药，怎么都除不掉。

重重叠叠上瑶台，几度呼童扫不开。

刚被太阳收拾去，却教明月送将来。

重新相聚的神宗与王安石还想延续变法之事，可惜"革新派"在这一年中早已分崩离析，利益关系的变化导致互相猜忌，同行者恍若散沙，新法自然也就难以为继。

熙宁九年（1076）秋，五十五岁的王安石历经仕途的不如意早已白发丛生，再加上儿子病死，在双重打击下，他的身体每况愈下。看着萧萧落叶随风簌簌翻飞，枯萎零落，他长叹一声，终究向自己，也向现实妥协了。他向神宗上书辞官，外调镇南军节度使、同平章事、判江宁府，辗转多地，最终寻一处静谧之地，隐居起来。

山隐后的王安石，内心想必十分孤苦。一个大雪天，他望着墙角梅花，回想着自己动荡的一生，发出一声千古感叹："墙角数枝梅，凌寒独自开。遥知不是雪，为有暗香来。"

王安石的政治生涯，就此落幕了。

万物从不以个人意志为转移，也不会同情任何人。十二月，在一个大雪纷飞的日子里，苏轼任期届满，要离开密州了。

调他去河中府做祠部员外郎、直史馆，他还是很高兴的，毕竟密州山穷水恶，虽然在他的治下有所改善，但如果有更好的去处，又何乐而不为呢？

河中府，在盛唐时被划分为专门的行政区，地处四川和陕西的交通咽喉，因为地处要塞，也是兵家必争之地。早在北周时期，大将军宇文护就在此地建造了"鹳雀楼"，用以镇守山河，登高瞭望。

调令下来后，苏轼很高兴，以他的豪情壮志，本就不甘屈就在密州这个地方，他向往的是如同飞鸿那般展翅翱翔，飞上鹳雀楼的更高层。在赴任路上，苏轼是逢景必看，遇景必游，心情也被连绵壮丽的山峦、奔腾咆哮的黄河之水所治愈。

他想到了自己宏伟的志愿，感叹最好的人生必然要匹配等价的努力。

只是官场险恶，君心更难测。

才走到太祖赵匡胤当年兵变的陈桥驿，想要去欣赏"鹳雀楼"的愿望还没有达成，天子的一纸诏书就将苏轼改派到徐州任职，连回京述职的事都免了。

苏轼的心情一下子跌到谷底，肚子里一箩筐的抱怨几欲喷薄而出，幸好有半路重逢的弟弟苏辙在身边聊以慰藉。当初苏轼一家绕道济南去探望苏辙，恰逢苏辙回京述职，只见到苏辙的妻儿和在济南的亲友。这一遗憾事幸好这次得到了弥补。

从前车马慢，情意却深厚。兄弟俩六年不见，终于在澶渊相遇，有哭不完的泪，说不完的话。苏辙扔下妻儿，一路将哥哥送到徐州，又在府衙的逍遥堂里逗留了一百多天。

王闰之善解人意，主动把空间与时间都留给这对情深义重的兄弟。在逍遥堂里，兄弟俩共处一室。白天，执手踏访徐州的山水楼阁，看茵茵杨柳，听百步洪流，说造亭种柳，想岁月流转，写莼鲈之思；夜里，对卧而眠追忆曾经的雨夜盟约，写下了"君虽为我此迟留，别后凄凉我已忧。不见便同千里远，退归终作十年游"的感慨。

身为兄弟又同在官场，苏辙何尝不为苏轼感叹？同为漂泊在外的人，这种大起大落的情感他最是感同身受，他写下《逍遥堂会宿二首》来抒发与苏轼的兄弟之情。

其一

逍遥堂后千寻木，长送中宵风雨声。

误喜对床寻旧约，不知漂泊在彭城。

其二

秋来东阁凉如水，客去山公醉似泥。

困卧北窗呼不起，风吹松竹雨凄凄。

苏辙于八月十六离开徐州，他回忆起从前不能聚首的中秋佳节，想起兄长在去年的月圆之夜望穿秋水的思念，忍不住说："今夜清尊对客，明夜孤帆水驿，依旧照离忧。"

听了弟弟的话，苏轼手中的酒忽然就没了滋味，眼中的热闹尽数褪去，他压抑地嘶吼："暮云收尽溢清寒。银汉无声转玉盘。此生此夜不长好，明月明年何处看？"

不想分别的人终究不得不分别，不想赴的任也只能无奈上任。

徐州周围群山环绕，易守难攻，有"北国锁钥、南国重镇"之称，自古就是兵家必争之地。太平祥和时，歌舞

升平，游船看柳；一旦遇上灾祸，进入汛期，便也是民不
聊生。

　　只是苏轼的运气似乎总是不太好，在他还沉浸在离愁的
思念里不可自拔时，黄河决堤了。无情的大水已经冲垮了黄
河的澶州口，卷着沙石桩木，咆哮着向着徐州奔腾而来了。

　　徐州面临着水患危机。

第十二章

天涯倦客

熙宁十年（1077）七月下旬，滚滚黄河水冲入群山环绕的梁山泊，顷刻间淹没数千条纵横的河港，吞噬八百里山野农田，怒吼着拍打徐州城墙。

以往的黄河水大多会顺着南清河入淮海。但这年秋天暴雨不歇，河水倔强，迟迟不愿退去，虎视眈眈地寻找肆虐的突破口。

"黄河西来初不觉"，起初，苏轼并未把洪水放在眼里，只是惊讶澈如明镜的泗水成了滔天的浊浪。直到亲眼看见挣扎的大鱼被翻滚的洪水拽进漩涡，墙头的砖瓦被狞笑的洪魔嚼碎，镇守的小吏不断传来引起恐慌的凶讯："大人！南清河撑不住了！"

"大人！南清河撑不住了！"

"大人！水快没墙头了！"

"大人！再不想办法，城就要被淹了！"

……

苏轼终于不安，大叫着："快！快准备沙石土砾，随我加固城墙！"眼看着洪魔破城只在顷刻之间，在没有先进的水利技术，只能依靠人力搬沙，"兵来将挡、水来土掩"的古代，他当机立断，征集城中军民，分拨分组地采料、装卸、加固，一时忙得脚不沾地，焦头烂额。可即便已动用了所有能动用的人手，调动了所有能调动的物资，洪水却仍在肆虐，而且有越演越烈之势。

屋漏偏逢连阴雨，大水偏逢添乱人。城中豪绅叫嚣着城已不保，卷起金银细软就要冲出北门去逃难。

城中百姓看到富户豪绅都要去逃难，原本就迟疑担忧的心在此刻全化为了恐慌。

就在这时，苏轼效仿东汉的王尊，亲上大堤参加抗洪，对惊慌推挤、乱作一团的百姓喊出了那句"堤在人在，堤亡人亡"。

大雨浇头，满脸的雨水混着汗水浸红了他的双眼。苏轼或许是第一次领教生命的无常与无力，可是身为太守的责任，推着他一步步扛起千千万万个或熟悉，或陌生的生命。他抹掉脸上的无力，握紧拳头，慷慨激昂地吼出："吾在是，水决不能败城！"

他誓死要与徐州共进退。

要有怎样的壮志，才能立下向死的决心？他亲手为自己套上蓑衣、草鞋、木杖，深深地望一眼妻儿，抱着诀别的孤勇，踏进了泥流里。

苏轼甚少在神宗面前留有好印象，可是在徐州的抗洪大业中，他让神宗刮目相看了一回。苏轼住在临时搭建的房子里，抠搜着被泡发的脚板，几过家门而不入的决绝，以及身先士卒的勇气，这些都让神宗欣慰不已，于是立刻赐予苏轼应得的嘉奖。这些对于苏轼来说，也无疑是意料之外、情理之中的大好事。

黄河水退去后留下满目疮痍，但堆积的沙泥清理了总会干净，败亡的草木逢春还会勃然焕发，被破坏的房屋建筑也自有工匠去修理。眼下，他有更重要的事要做。

他的目光触及了斑驳的城墙，深思熟虑后，便提笔上奏神宗，提出自己的筑堤方案。

兴修石堤是个大工程，耗时耗财耗民力。可经此一役，徐州城的百姓都希望可以加固工事，以防洪水，时间和人力条件都齐备。况且对于调派人手修筑工事的事他已有经验，于是他亲自在城东选址，准备加盖外城，但组织施工，采买材料是要花费钱财的，这就有点难办了。

苏轼没想过会在请求朝廷拨款建堤的环节出问题，但上书后神宗久久没有回复，从天子的沉默里，苏轼读懂了拒绝。但这并不能打消他的热情，既然朝廷不想多出钱，那少出一点总是可以的吧。思虑再三后，苏轼降低了用料标准，用便宜的木材代替价格较高的石砖，尽力消减成本，等到再一次呈上拨款请求时，神宗终于同意了他的花费方案。

可洪水刚过，转年又来了大旱。古时的臣子，求雨是必备技能。经历过大大小小多场旱灾，苏轼对求雨流程早已驾轻就熟。他不慌不忙地斋戒、沐浴，接着按照惯例写了一篇祈雨赋——《徐州祈雨青词》，备足供品，带领众人浩浩荡荡地爬上了太白山。点香、叩拜，声情并茂地上奏天神：徐州刚经历一场大水，还未缓过劲儿来，又突遭大旱，百姓苦不堪言。而后，不卑不亢地摆事实、讲道理，苦口婆心地劝说，让龙王要对得起自己的职责和供奉他的信徒，不要让百姓失望。

说来也巧，这次求雨又成功了。降雨后，苏轼引来池塘和水洼处的积水到庄稼地里滋润干涸的土地，又为庄稼地歉收的百姓奏请减免赋税。农民吃饱饭，有了力气干活，筑堤工程的进度也加快了，一切似乎都在向好的方向发展。不仅如此，四十二岁的苏轼，也因为苏箪的出生第一次当上了爷爷。

襁褓中肉乎乎的长孙苏箪，这个新生命的诞生，将时光蹉跎的凄凉和扬帆起航的振奋，交织在苏轼的生命里。

徐州曾有名人刘邦，五十四岁才当上皇帝，传说他早年常混迹于市井，因缘际会中，在南山得了一柄长剑，名曰赤霄，其刃如霜雪，光彩逼人。他正是手握这柄三尺赤霄剑怒斩白蛇而出名，此后大杀四方，成为西汉霸主。

打造出了帝王名剑，徐州一跃成为铸剑技术天下一流的名城，慕名而来的侠客、剑士络绎不绝，徐州人也因此多了一门铸剑的生存手艺。

可好剑还需好火炼。柴火锻造容易造成火候不稳，无法精确地控制碳含量和渗碳深度，打造出来的兵器硬度与韧度都不够。

苏轼在关注到铸剑的问题后就曾试图解决这个难题，但还没等到他琢磨出办法，严冬已至。

神宗改制的第一年年末，天气格外寒冷，尤其在寒冷的三九天，雪虐风饕，冻得人手脸生疮。妻子在旁急得团团转："老爷，这么冷的天儿，大人受点苦受点冻都没关系，可孩子冷不得啊，这可是苏家唯一的孙子啊。"

孙儿承载着苏轼对生活的向往，承载着他对美好的憧憬和对人生的祈盼，他怎忍心让这可怜的孩子还未长大就要忍饥受冻？连苏轼在炭火温暖下都忍不住搓手跺脚颤抖不已，更何况缺乏柴火更无炭火的普通百姓家，他们又该怎么办？

苏轼一路从穷苦走来，对穷人的困苦最是能够感同身受。他不会抛弃他治辖内的每一个平民百姓，所以他打起精神，准备寻找新的资源代替木材。

古书曾记载，白土镇的北侧有座白土山，白土山里藏着丰富的石炭资源，于是苏轼当即带领一队人马往白土山而去。经过一路打探和细致的搜索，他们终于在一处山洞中发现了潜藏于地下的煤炭。这些煤炭在元丰元年（1078）的腊月寒冬以前，一直安静地沉眠于地底下，直到苏轼来寻。

这储藏量丰富的煤炭资源，不仅让徐州人从此过上了暖冬，也解决了苏轼早前的烦恼——因当地火力不足而耽误的冶铁产量。这件事也为苏轼半生坎坷的履历，添上了一笔辉煌异彩。

好事成双，苏轼为了纪念徐州官民众志成城、共克时艰，下令在东门修筑的黄楼也终于竣工。苏轼一高兴，在黄楼中大摆筵席。城中有头有脸的豪绅乡士、世家大族纷纷携礼庆贺；平民百姓即使目不识丁，不懂诗词字画，仍挤在楼下想要一睹他的真容。

远在京城的黄庭坚——孙觉的女婿也托人送来了贺文，他在贺文中对苏轼极尽赞赏："你是我心中的江梅，是我眼里的青松，虽历经寒霜，却依旧坚挺。相信在以后的日子中你会越来越好，等到有朝一日我们能够再相会，万望能够再得到您的赐教。"

他直爽、豁达，与苏轼十分投缘，苏轼忍不住回信倾诉苦闷："顾我如苦李，全生依路旁。"埋怨过后，又赶紧安慰："纷纷不足愠，悄悄徒自伤。"

声名鹊起的苏轼自然又吸引了许多倾慕者，秦观便是其中之一。在科举落榜后，他怀揣着好友李常的推荐信，用一篇费了心思的贺礼《黄楼赋》高调地向苏轼拜了师。

秦观文采出众，苏轼常赞他有"屈原、宋玉之才"。他天性豁达，又擅写情词，尤以"金风玉露一相逢，便胜却人间无数"和"两情若是久长时，又岂在朝朝暮暮"等句出彩，他的"两情若是久长时，又岂在朝朝暮暮"，将相恋而不得见的感情赞美成了"守得云开见月明"的神仙爱情，这也让秦观扬名于世。苏轼向朝廷举荐，倾尽全力支持爱徒，秦观也很有出息，在元丰八年（1085）得偿所愿，高中进士。

黄楼落成的日子，是个喜庆的日子，于是锣鼓喧天，宾朋满座，美酒盈樽，众人如梦似幻，如痴如醉。但相聚终有散，席满终离别，等到筵席结束，望着热闹过后的满地狼藉，那些凌乱萧瑟，突然就触碰到了苏轼的心事，成了只有他一人才懂的寂寥："天涯倦客，山中归路，望断故园心眼。"

午夜梦回，那藏在诗词背后的郁郁，每每想起，都压得他喘不过气来，于是一腔愤懑化为带刺的文字，飞到了神宗的案头，在伤了神宗心的同时，那锐利的锋芒也让苏轼自己遍体鳞伤。

第十三章

狂风骤雨

　　元丰二年（1079）三月，苏轼在徐州的任职期满，被调往湖州。城中百姓感念于苏轼在任期间做的实事，纷纷出门相送。送别的长队人头攒动，人影浩荡，绵延不绝。十里长亭，送君远行。苏轼一路走，一路感动，但同时也感寂寞。

　　四月二十九日，苏轼到达湖州，依照惯例首先给神宗写述职报告。想起徐州百姓长亭送别时的依依不舍和殷殷期盼，他不免又觉得自己真是被屈才了。可是天大地大，皇帝最大。他的思想无法契合神宗的心思，神宗又怎会与他共鸣？他只能长叹一声，要么忍耐蛰伏，要么改变自身。而改变自己的思想认识、行为习惯，苏轼是绝做不到的，所以他只能宽慰自己。

　　他在报告中忍不住向天子陈情："陛下知其愚不适时，难以追陪新进；察其老不生事，或能牧养小民。"

　　他写道：我自知思想迂腐，虽懂求新求变才是人生真谛，因循守旧、故步自封只会被时代抛弃，奈何年事已高，面对已朽之半身，实在无能为力。对于不能和大家一起吐故纳新，自己很是愧疚。幸而天子宽和，体恤老幼，再加自己一直谨守本分，一心为民，因此天子一直未曾怪罪，还让自己担任要职，给予自己信任，自己不能不识时务，因此已经很满足了。

但想要挑你错处的人，怎么都能找到理由，就像此时苏轼的话语，明明是谦虚的说辞，却给了别有用心之人可乘之机。

当时北宋政治中心发生了很大变化，王安石退隐后，神宗并没有因王安石的心灰意冷而一蹶不振，而是重整旗鼓，扶植了以李定为首的一批新派力量继续推行新法。

孔子认为政治的根本目的是国富兵强。神宗和王安石的本衷也是如此，并且他们能严于律己，但并不是所有人都能如此。

如果说王安石是毫无私心的政客，那对李定及其拥护者而言，他们的利益和个人感受是要高于国富兵强的梦想的，这么一来必然排斥一切可能破坏他们利益的力量。首当其冲的便是旧派的政党们，尤以司马光和苏轼为最。

只不过，司马光根基厚重，新派动他不得。加上被伤了心，司马光早已无心政治，远离政治中心，活在仁宗对他的期许里，埋头编撰《资治通鉴》去了。

于是，根基薄弱又张扬的苏轼自然而然地变成了他们整治的首要目标。当虎视眈眈的目光对准天真、率性的苏轼时，别说捕风捉影的文字狱了，哪怕他吹口气，他们也能从他的口气中闻出他大逆不道的味道来。

苏轼曾经坦言，弟弟苏辙就常担心他率性而为，不懂克制会引来祸害："常恐坦率性，放纵不自程。"劝他不能任性，不能口无遮拦，凡事三思而后行！但豪放的苏轼又怎会将这些提醒放进心里呢？他向来是不藏着掖着的性子，在没有真正接受过教训和挫折以前，不可能真正沉淀下来。

乌台诗案。

在后人来看，这不过是一群拉帮结派的投机者为打击异己而策划的一场蓄谋已久的政治压迫，根本毫无意义。但落在当事者苏轼身上，则是一件足以影响其一生的大事。

这件大事的起因其实很荒谬。当初苏轼想起好朋友王复家的庭院中种着两棵参天的桧树，再对比他悬壶济世的高尚品格，便写了两首赞扬诗送给他，想着帮他提高知名度。但其中的两句"根到九泉无曲处，世间唯有蛰龙知"却被沈括视作"大逆不道"之言。沈括将苏轼的几首诗呈给上司王珪，王珪于是向神宗上书状告苏轼。

好在神宗能辨是非。看过苏轼所作的原诗后，当即斥责王珪这是借题发挥，无事生非。

此事本该就此作罢，不承想，六年后又被人拿来大做文章。李定、舒亶等人根据沈括当年的说辞，广查苏轼的诗文，想通过牵强附会，找出他大逆不道的把柄来。欲加之罪，何患无辞？

"'玉童西迓浮丘伯。洞天冷落秋萧瑟。不用许飞琼。

瑶台空月明。’这几句如何？”

“不可，天子阅卷无数，后宫佳丽三千，岂会看不出这就是苏某的一点风流韵事？”

“那‘赢得儿童语音好，一年强半在城中’呢？言辞尖锐，语气颇有不满，拿出去定能治他个大不敬之罪。”

“可以是可以，但还需要再找些很有力的佐证。”

“看这个‘读书万卷不读律，致君尧舜知无术’。这分明是在讽刺当朝天子不是贤德明君，天子看到必定动怒，这下子他的所有罪名可都坐实了。”

“大人高明，下官自愧不如呀！当今天子一心想做明主，可这苏轼却讥讽他不是明主，这可真是老虎头上拔毛——自己找死，不能怪咱们了。”

得知又被参奏的苏轼起初并不以为意，毕竟为官的这许多年来，他已经被参过许多次了，而且每一次总能化险为夷。所以这次即便有兄弟好友从中慌忙提点，但他却依旧我行我素，不把它当一回事儿。殊不知，这场早有预谋的告发，让苏轼的处境陷入了危险之中。

哪怕神宗心中明晰，却也抵挡不住三人成虎的谣言。他终究放弃了自己的判断，满足了新派们的心愿。

当年的七月二十八日，皇甫大人携着皇命，带着小兵闯进太守府捉拿苏轼这个“不尊天子”“心怀叵测”的“奸佞之徒”。苏轼仓皇地套上官服，沉了口气，才出门见客。

陡然被抓，苏轼猜测此番必是惹恼了神宗，死劫难逃，因此请求与家人诀别："轼自来激恼朝廷甚多，今日必是赐死。死固不辞，乞归与家人诀别。"

皇甫却摇首解释："不致如此。"

话虽如此，苏轼却像"犬鸡"一般，被套上了绳索，以罪人的名义押解回京，一路风雨飘摇、忐忑不安。八月十八日，苏轼被人押解入京，面见神宗。

参奏铺满案，天子坐当中。面对神宗"喻我并非明君，可曾是你真心"的问罪，苏轼跪于殿上，看着两旁或面目狰狞，或懦弱闪躲的同僚好友，不禁想起，在湖州尚不知所犯何罪而被五花大绑于市井时，昔日耳酣脸热的朋友们就全都躲得远远的模样。

他们生怕与自己沾染上一星半点的关系，从而引火烧身。

苏轼心中思绪翻涌。臣非此意，只是不愿自己空有一腔抱负却只能碌碌终老，不愿自己的爱国利民之心得不到重用才常有牢骚，以致言语不周得罪了天子。他想这么说，可话到嘴边，终又无话可说。最后只得一句："臣，冤枉。"

神宗痛心疾首，不再问讯，只叫人将苏轼押入大牢，听候发落。

苏轼第一次尝到了成为众矢之的的滋味。他不敢再去看神宗失望的表情，不敢再去看朝堂上众人的姿态。当初那么高傲矜持的人，如今只能深深地低下他的头。

在被押往大牢的路上，苏轼见到儿子苏迈正守在宫外焦急地等待，泪眼婆娑地喊着："父亲！父亲！"

见到痛哭的儿子，想到冷漠的朝臣，想起如今的遭遇，苏轼红了眼，却很快镇定下来："孩子，为父深知此次所犯之罪非同小可，恐怕难以善终了，若有一天天子判决要结束我的性命，你就提前送条鱼来告诉我，好让我有赴死的准备。"

苏迈泣不成声："父亲，儿子定会时刻守候在外打探消息，望父亲保重身体，等儿子找人帮你申冤！"

就这样，苏轼被押解进了天牢。

牢中无日月，蹉跎心更焦。

其实在来京的途中，苏轼看着翻涌的太湖水，就曾萌生了一死百了的冲动。他想，死或许是一种解脱。但苏轼亦明白，这解脱，只解脱了自己。他的死非但不能明志，还会被政治仇敌打上"畏罪自杀"的标签，势必会牵连亲人、朋友一起受苦，而自杀的懦弱也必然会让自己留污名于后世。

如今，苏轼蜷缩在暗无天日的监牢里，不知等待他的是何结局，整日里提心吊胆。但朝堂之上，李定他们却是实实在在想要将苏轼置于死地的。他们颠倒黑白，说苏轼"初无学术，滥得时名，偶中异科，遂叨儒馆"。但这番话无异于否定了在苏轼名动京师时，所有那些崇拜、看好他的文人墨吏。

　　李定自认思路清晰、条理分明、证据充足，他忽略了自己逻辑的不严谨，自得地认为苏轼这次必死无疑了。

　　苏轼也以为自己必死无疑了。他入狱以后，所用餐食都是苏迈亲力亲为，他始终记得苏轼的叮嘱，从不送鱼进去。但这天因为苏迈被急事绊住，请朋友代为送餐。岂料因走得匆忙，忘了告知朋友自己和父亲的约定，而朋友又正好瞧见厨房有一条熏鱼不错，好心想给苏轼换换口味……

　　结果，苏轼看到熏鱼后被吓得面色苍白，血色全无，以为自己将无明日，不但胃口全无，连整个人都摇摇欲坠了。

　　他从未觉得死亡会离他那么近。在牢狱里这几十天，苏轼反省了千百次，内心充满了懊悔、颓丧。但这一天，还是来了。

　　结局已定，所有这些天里的胆战心惊，到了尘埃落定的时刻，他反倒出奇地平静。从那以后，苏轼看开了世事，看淡了朝政，凡审必答，无不配合。

　　苏轼回想起历年往事，亦觉自己身为神宗臣子，曾多有错处，不能分忧于天子，反而多有怨怼，如今被怪罪，实属应该。只是可怜了一家老小十余口，以后只能托付给弟弟，靠他帮扶了。

　　想到此处，又记起曾与弟弟约定，待到老了，要一起回老家听夜雨，对床眠，颐养天年，苏轼心里苦涩，更加悔恨自己没有听从兄弟的劝阻，口无遮拦，终于祸从口出，也辜负了兄弟的一片好心。如果有来生，但愿还能做兄弟，一起观天地，一起踏山河，一起同窗苦读，一起功成名就，一起精忠报国，一起佳偶天成，一起走完来时的路，回过头来，还能笑着许下下一世的盟约。

思及念及，苏轼找狱卒借来纸笔，写下了诀别诗《狱中寄子由二首》，其一为：

圣主如天万物春，小民愚暗自亡身。

百年未满先偿债，十口无归更累人。

是处青山可埋骨，他年夜雨独伤神。

与君今世为兄弟，更结来生未了因。

狱卒心善，不但笔墨伺候，还在狱中给了惶恐的苏轼许多帮助，甚至替苏轼打热水泡脚，在温暖了苏轼身体的同时，也温暖了他的心。这一善举，也叫他在漫长的历史中留下了自己的痕迹——他的名字叫作梁成。

梁成后来在上交"犯人"苏轼的往来书信时，也将这首诗交了出来，这首诗辗转传到了神宗手里，让神宗看到了苏轼的情深义重。

而苏辙这边收到了哥哥的诀别诗，大哭了一场后，又继续为营救哥哥日夜奔波。

苏辙的苦心没有白费。章惇身为苏轼曾经的好友，虽然因政见不同，在新旧两派党争时站在了王安石身后，可到了此刻，他终究是顾念旧情，积极营救苏轼；罢相的王安石也写信提醒神宗："岂有圣世而杀才士者乎？"就连缠绵病榻的曹太皇太后也为苏轼说情，告诫神宗珍惜人才，切勿被小人所惑。

所以，纵使御史台罗织的罪名杀气腾腾，但移交大理寺判决时，刑罚却温和许多——当徒二年，会赦当原。

判处苏轼坐牢两年，又恰逢太皇太后病殁，神宗按惯例大赦天下，于是对他不予追究，原地释放。

费了四个多月的时间，搭上了多少无数人力、物力和财力，李定等人当然不愿意"乌台诗案"就此成为一个笑柄。他们也不是没有再上告，但就连审刑院的复审判决，也一并坚持原判。算计到头一场空，李定他们不服气，仍叫嚣着要治罪于苏轼。

作为一国之主，神宗有自己的判断，想起前些日子，派心腹到牢房里查探苏轼的情况，发现他丝毫没有为做了坏事而心虚、寝食难安，反而能吃能睡，一整个问心无愧的模样。苏轼与自己虽然于治国之策不合，但他相信苏轼有着一片爱国之丹心，并不是李定他们口中的奸佞小人，他眯着眼提醒众人"此事不必再提。"

不过，神宗也觉得苏轼这口不择言以下犯上的毛病合该治治，于是，在审刑院维持原判的基础上，为堵住悠悠众口，也为让苏轼吃吃苦头，又加一条"特责"，将苏轼贬谪黄州。

第十四章

寂寞沙洲

矜才使气也好，恃才傲物也罢，神宗判决已下，苏轼也算逃过一劫。元丰二年十二月二十八日（1080年1月22日），苏轼出狱了。

吹到和煦的风，听到鹊鸟的歌，呼吸到清新的空气，憋了四个月又二十天的诗心豪情又上心头。只见在别人眼中本应感百感交集的苏轼此刻竟是半点颓气也无，脱口而出就是："百日归期恰及春，残生乐事最关身。出门便旋风吹面，走马联翩鹊噪人。"这诗句在刚出狱的时候咏出似有不妥，但与其说苏轼又飘飘然了，倒不如说他保有素来的随心随性，又恢复了往日的朝气蓬勃。

苏轼前脚才刚出狱，后脚就被押着收拾了行囊，匆忙地要赶去被发配之地了。

纵观苏轼每次调任出发的时候，似乎都在寒冬，此次也不例外。但今时不同往日，从前调任外州时，哪次当地百姓不是夹道相送？而今以罪人之身被押往黄州，街头巷尾，冷清萧索，无人敢来相送的局面，让苏轼难免生出几许悲凉。叹自己人至中年一事无成，还要被贬去荒凉、贫瘠的黄州，任"不得签书公事"的空职，不但无法施展满腔的抱负，而且还拖累了交好的朋友。

　　所以，在这种情况下，当看到弟弟不顾自身安危、不忘兄弟情谊前来相送时，苏轼感动得热泪盈眶。苏辙一如既往地安慰并劝诫兄长："家中万事不必忧心挂怀，我定会护好嫂子侄儿，兄长在外万要保重身体，黄州贫瘠，万事小心。另，以后一定要注意言辞，不要再被有心人抓住把柄，惹祸上身了。"

　　听到弟弟的嘱咐，苏轼心中生出愧疚、懊悔，连连应是："我以后一定循规蹈矩，不张扬，不招摇，安安分分做事，本本分分做人，哪怕心中再如何翻江倒海，面上也不让人看出来。言辞方面也会谨守兄弟叮嘱，再不狂妄无度了。"

　　于是在去往黄州的路上，苏轼一直谨记兄弟的告诫。住的驿馆不好，他只说屋子还算敞亮；路过净居寺时，只是看山看水拜菩萨；行至关山的春风岭，便单纯赏花踏青……如此虽然甚好，但也过于沉闷了。

　　这样沉闷的苏轼，乍一看，还真让人不太习惯，不过很快，苏轼就憋不下去了。

　　在路途中，苏轼偶遇了在凤翔结交的故人——陈季常。陈季常的遭遇也算得上变故良多。其父过世后，陈家一落千丈，加上陈季常生性散漫，陈家算是彻底没落了。

　　过去的世家子，住大宅，收田租，前途一片光明。少年时也曾意气风发，豪掷千金，肆意而为。纸醉金迷腻了，便背着弓，骑着马，穿行林中，射飞鹊，追走兽，马背上大谈兵法治国之道，俨然一代英雄豪杰。

现在，他穿着破旧的衣衫，戴着不伦不类的帽子，穿梭在穷乡僻壤。住着茅草屋，吃着粗茶淡饭，远离繁华喧闹的都市。

苏轼坐在简陋的屋子里，看着陈季常怡然自得的一举一动，想不通在落差如此之大的境况里，面前这位朋友如何能够保持一如十九年前那般英气勃发的姿态。从前簇拥在他身旁的追随者一个个远去，只剩下他孤单的一个人，他真正地成了游侠隐士。

苏轼太了解遭人背叛的滋味，想他也曾呼朋引伴，是酒会中最耀眼的那一个，如今陪在身边的，只剩下最亲的儿子。

许是受到了陈季常的感染，也可能是苏轼想成为更好的自己，在想一醉解千愁，却只能更愁的时候，苏轼想开了。

初到黄州，无亲无故，苏轼又是以罪人之身被发配至此的，没有人为他准备官人府邸，一时间，竟连个落脚的地方都没有，只能暂时栖身在一个叫定慧院的寺庙中。

不过，黄州也确实是个很锻炼人的地方。破山、破水、破地方，没有一处能让人心旷神怡。苏轼便索性闭门思过，每天除了听和尚念经，就是反思自己之前的经历。但在不断反省自己过去所作所为，不断检讨自己锒铛入狱并且差点断送性命的经历后，他发现，自己不过是三观与当下流行的观念不符，同时也不愿意随波逐流，比较坚持自我，难道因此就要被排挤吗？

这样寡淡的日子很快令苏轼觉得枯燥，他不禁感叹："惊起却回头，有恨无人省，拣尽寒枝不肯栖，寂寞沙洲冷。"

生活憋闷让他不禁自问，人活着的意义是什么？是苟且一生，还是坚守本心地郁郁一辈子？

日子苦闷，苏轼却不愿虚度光阴，于是便给朋友们写信来联络感情。可是在他当前遭到贬谪的境况下，寄出去的信自然大多石沉大海，能回来的只有寥寥几封，都来自将他视作知己的人。

苏轼其实也怕因为自己的事而连累朋友，遭到朋友怨恨，待忐忑良久打开回信后，看到字里行间都是安慰他不必太过介怀，要照顾好自己的话语，顿觉人间还有真情。都说患难见真情，这几位能在他身陷囹圄时给他鼓励和帮助的人，应都是这样拥有真情的人吧。

苏轼也知道知己难寻，本应为朋友两肋插刀，但现如今，他能做的只是在惶恐中多提醒一句："这只是我一个人的看法，实在没有别的意思，看过即焚吧……"

古代通信并不发达，因此虽与千里之外的好友建立了书信往来，却是十天半月也收不到一封回信。百无聊赖之际，苏轼只能寄情于外物。许是人在跌入谷底的时候，一花一草都能品鉴出不同以往的意味来。从前，游船画舫是笙歌袅袅，酣畅淋漓；现在，独站舟头，看山也孤独，赏水也清静。

黄州的码头上，为生计奔波的渔夫们，因一条鱼的归属吵吵嚷嚷。如今的苏轼已经光环不再，仿佛真正与这些人同处一个世界，变成了一个平凡得不能再平凡的人，可以被挡道的商贩驱赶、推搡，可以被酒鬼随意欺负……

历经种种，苏轼忽然发现，当生存都成为一种奢侈的时候，人哪里还有时间和精力思考生活的意义和活着的价值？

首先，他得活着，得有质量地活着。人际关系的垮塌，让他一下子变成了孤家寡人，那些潦草的友情，开始于随意之间，结束时却伤筋动骨，但好在在新的友情萌芽后，被冷却的心还能再感受到温暖。黄州太守徐大受和通判孟震，以及寺院里的和尚们，虽然人微言轻，却都能以真心相待。凡此种种，倒也让苏轼的精神生活确实比以前有质量了许多。

人生，也只有在沉入低谷的时候，才会不断地向内探寻，才不得不去正视自己的焦灼和迷茫。

繁花似锦的五月，弟弟将他的家眷送来与他团聚。人一多，定慧院便不能再住了。于是苏轼托人在江岸边的驿站里，腾出了一间临皋亭住下。屋子逼仄局促，冬冷夏热，但非常时期，能有片瓦遮头已属不易。

徐大受是一州之长，家境和官职地位要比挤在临皋亭的苏轼好上许多，但这不妨碍两人跨越官职地位的差距坐在一起喝酒、听曲、看美人儿。兴致一上来，苏轼还为徐府歌姬挥毫书写下一首《减字木兰花·胜之》：

双鬟绿坠，娇眼横波眉黛翠。妙舞蹁跹，掌上身轻意态妍。

曲穷力困，笑倚人旁香喘喷。老大逢欢，昏眼犹能仔细看。

失意的中年男人，没有钱，没有事业，活着都费力。张爱玲说："中年以后的男人，时常会觉得孤独，因为他一睁开眼睛，周围都是要依靠他的人，却没有他可以依靠的人。"

于是，要么放任逐流，要么自我救赎。

可是放任逐流解决不了苏轼的问题。衣香鬓影、耳鬓厮磨带来的欢愉维持不了太久，曲终人散后，孤寂与落寞只会更甚。

苏轼在安国寺里，听着和尚的诵经声，问："什么是生命？"

在香案前，问："人活着到底是为了什么？"得到一首绝句："蜀国先生道路长，不曾插手细思量。枯鱼尚有神仙去，自是凡心未灭亡。"

死是一件再容易不过的事，可向死而生，不但需要勇气，还需要不怕失败的决心。道家有云："我命在我，不属天地。我不听不视不知，神不出身，与道同久。"

心理上和精神上的疾病药石罔效，唯有自我救赎。

苏轼在遍尝人间苦难后开解自己："长江里有肥美的鱼，城外山坡上种满了脆生生的嫩竹笋，还结交到了热情好客的朋友，有说不完的话，赏不尽的景，喝不醉的酒……"

唯一遗憾的是，官职低微，薪水更是不够养活一家人的，而存款即便以粗茶淡饭的标准，挨到了元丰四年（1081），也变得捉襟见肘了。以至于好朋友马梦得来访，苏轼都拿不出好酒好肉来款待他了。

那年苏轼在京师走红后，成为许多人仰慕的对象，而他生性幽默豪爽，也喜欢结交有才之人。彼时还在国子监打杂的才子马梦得，因见苏轼书写在墙壁上的杜甫的《秋雨叹》一诗，深受启发，不愿在京城当一个碌碌无为的学官，当即辞职回家，如今看着苏轼居然连个像样的栖身之地都没有，心中不禁苦涩，于是出面为苏轼在黄州求得了一块五十亩的黄土地作为偏安之处。

虽然放眼望去，这五十亩地，土地板结，坚如石铁，荒草杂生，遍地瓦砾，实在看不出丁点儿欣欣向荣的希望，但一无所有的人，只要肯撸起袖子，迟早能在黄土地上种出灿烂的花来。

第十五章

东坡居士

唐代元和十三年（818），白居易担任忠州刺史，在城东的山坡上种花栽树，并将此地命名为"东坡"，怡然自得。两百多年后的宋代元丰四年（1081）二月，苏轼为了生计，效仿白乐天，将五十亩废垒垦为良田。

白乐天"持钱买花树，城东坡上栽"，苏轼种稻谷、麦子和栗、枣树，自给自足；白乐天"朝上东坡步，夕上东坡步。东坡何所爱？爱此新成树"，苏轼便选出一块儿风景俱佳的空地，盖上一幢宅子，取名"雪堂"。

苏轼看着眼前一望无垠、碧浪连天的花树果园，摩挲着掌心的茧子，想起自己喝过醉酒，写过怨诗，也学过佛，参过禅，忽而明白，从前种种，譬如昨日死，从后种种，譬如今日生。从此摇身一变，成了东坡岭上的"东坡居士"。

蜗角虚名，蝇头微利，算来著甚干忙？事皆前定，谁弱又谁强。且趁闲身未老，须放我、些子疏狂。百年里，浑教是醉，三万六千场。

思量，能几许？忧愁风雨，一半相妨。又何须抵死，说短论长？幸对清风皓月，苔茵展、云幕高张。江南好，千钟美酒，一曲满庭芳。

　　他将自己的满腹心事，写进了《满庭芳·蜗角虚名》里，正如后来好朋友王定国的侍妾柔奴所言："此心安处是吾乡。"从此，"雪堂"便是苏轼的家了。

　　他愿做黄州城里一个普普通通的农夫，徜徉在农田里，携一把锄头、一顶草帽，无论种菜、养花也好，种树、养牛也罢，只是挥洒汗水，享受日出而作，日落而息的日子。

　　便如《江城子·梦中了了醉中醒》中所言，他沉浸在陶渊明的归隐之乐里。

　　梦中了了醉中醒，只渊明，是前生。走遍人间、依旧却躬耕。昨夜东坡春雨足，乌鹊喜，报新晴。

　　雪堂画畔暗泉鸣。北山倾，小溪横。南望亭丘、孤秀耸曾城。都是斜川当日境，吾老矣，寄余龄。

　　他爱长江里的鱼，不惜进庖厨，试出最满意的吃法，还用笔墨记下："以鲜鲫或鲤鱼治斫，冷水下。入盐如常法，以菘菜芼之，仍入浑。葱白数茎，不得搅。半熟，入生姜、萝卜汁及酒各少许，三物相等，调匀乃下。临熟，入橘皮片，乃食。"

　　吃不起牛羊肉，便在猪肉摊上割一块肥美的猪肉，回家把锅洗干净，倒入少许清水，然后下入锅里；燃上柴木、杂草，用小火清水煨炖，等待它慢慢地熟透，再满足口腹之欲。末了作文赞美一番："黄州好猪肉，价贱如泥土。贵者不肯吃，贫者不解煮，早晨起来打两碗，饱得自家君莫管。"

美食自然少不了美酒相配。他嫌村酒酸涩，便讨来秘方，以糯米和蜂蜜为原料，亲自酿造蜜酒。担心出差错，他每天都要偷偷看一眼：第一天，缸里的酒液像小鱼一样吐泡泡；第二天，酒液变得清澈光亮；到了第三天，一打开酒缸，居然闻到了沁鼻的酒香。

果然功夫没有白费，高兴得痛饮三杯后，想起独乐乐不如众乐乐，自然也要给朋友们送去品尝。得到不错的反馈后，他亦不藏私，将酿酒之法公之于众，让黄州百姓都喝上了甜美的蜜酒。

从前，他眼里看到的是"遗蝗入地应千尺，宿麦连云有几家"，耳中听到的是"黄昏犹作雨纤纤，夜静无风势转严"，心里想到的是"雄心欲搏南涧虎，阵势颇学常山蛇"。

现在，乡野山月在他眼里是"雨洗东坡月色清，市人行尽野人行"。走在雨后泥泞的道路上，他醉意朦胧："大江汹以左缭兮，渺云涛之舒卷。草木层累而右附兮，蔚柯丘之囷簪。"被淋成了落汤鸡，他却放声高唱《定风波·莫听穿林打叶声》：

　　莫听穿林打叶声，何妨吟啸且徐行。竹杖芒鞋轻胜马，谁怕？一蓑烟雨任平生。

　　料峭春风吹酒醒，微冷，山头斜照却相迎。回首向来萧瑟处，归去，也无风雨也无晴。

　　路过一座乡间野桥，他挥毫写下《西江月·照野弥弥浅浪》：

　　照野弥弥浅浪，横空隐隐层霄。障泥未解玉骢骄，我欲醉眠芳草。

　　可惜一溪风月，莫教踏碎琼瑶。解鞍欹枕绿杨桥，杜宇一声春晓。

　　他就像每一个黄州城的农夫一般，日日夜夜走在黄泥坂的小路间。大旱缺水时，他扛着锄头开凿水源，灌溉农田；大雨成涝时，他披着雨蓑在泥泞里奔波；蝗虫成灾时，他戴着斗笠捕虫护田；杂草丛生时，他蹲在田间除草护苗……似乎他真的在农田躬耕的一日日里，在徜徉山水的一步步中，在与渔樵交谈的一声声里，不再纠结过去的种种，所有的心思只在农田谷粟、山水好景中。但苏东坡终究不似陶渊明，他爱山水田园，也爱鸿鹄天地。虽然将至暮年，但他从未忘记过对梦想的热忱。

白日里与朋友畅聊，夜里醉酒而归时，却被关在门外。他听着江水的奔腾声不禁自问："长恨此身非我有，何时忘却营营？"

可是记得又怎么样？人这一生有太多的无可奈何，能活着体味这良辰美景已属不易，又何必执着呢？

当王朝云为他生下儿子时，他在喜悦过后又忍不住说："人皆养子望聪明，我被聪明误一生。惟愿孩儿愚且鲁，无灾无难到公卿。"

许是被襁褓中的小生命勾起了思绪，苏轼看着日渐欣荣的东坡，望着变得热闹的雪堂，以及眼前平安健康的妻小，长叹道："夜阑风静縠纹平。小舟从此逝，江海寄余生。"

人是既复杂又感性的生物，明明已经想通了，明明已经不在意了，却又忍不住惦念那份惆怅。

元丰四年（1081），当神宗派五十六万余人西征西夏，却兵败灵州的消息传到黄州时，东坡攥紧了拳头，捂紧了胸口，泣不成声。

他爬上黄冈城外的"赤鼻矶"，奔腾的滚滚江水，汹涌地卷起千层大浪，三国周曹大战的场景仿佛就在眼前。东吴名将周瑜曾站在江岸边，潇洒、从容地指挥着装满浸了鱼油的燥荻枯柴的战舰，以诈降之计大败曹军，留下"世间豪杰英雄士，江左风流美丈夫"的美谈。

但自己作为贬谪的罪臣，纵使心中翻江倒海，也只能长叹一声，而后扯扯落寞的嘴角，举起酒杯，以一首《念奴娇·赤壁怀古》祭奠这亘古不变的明月——

大江东去，浪淘尽，千古风流人物。故垒西边，人道是：三国周郎赤壁。乱石穿空，惊涛拍岸，卷起千堆雪。江山如画，一时多少豪杰。

遥想公瑾当年，小乔初嫁了，雄姿英发。羽扇纶巾，谈笑间、樯橹灰飞烟灭。故国神游，多情应笑我，早生华发。人生如梦，一樽还酹江月。

苏轼不止一次地往来于赤壁，或攀爬至山顶，或乘一艘小船翩然而下，有时也会带着朋友们到黄冈城外的"赤鼻矶"散心，酒酣耳热之际，他忍不住举杯高歌："桂棹兮兰桨，击空明兮溯流光。渺渺兮予怀，望美人兮天一方。"

朋友擅长吹洞箫，见他如痴如醉，便拿起洞箫，和起了节奏。只是曲子哀哀婉婉，呜呜咽咽，引得东坡也愁云惨淡："我的境况已经很艰难了，你这婉转哀鸣的箫声，更加让人想要潸然泪下呀！"

朋友抬头望了望月，再开口情绪低落至极，反问苏轼："东坡，曹孟德那么意气风发的一个人，当年带着浩浩荡荡的军队从江陵沿江而下，战船千里相连，战旗遮天蔽日，说是一代枭雄也不为过。可就是这样的人，最终也会化为一抔黄土，逝于人间，更何况是咱们这样普普通通的人呢？多年后，这长江水仍旧滚滚，山石依旧巍峨，明月依然在天，可我们……又在哪里呢？"

东坡是最见不得别人难受的性子，忙安慰友人："客亦知夫水与月乎？逝者如斯，而未尝往也；盈虚者如彼，而卒莫消长也。盖将自其变者而观之，则天地曾不能以一瞬；自其不变者而观之，则物与我皆无尽也，而又何羡乎！且夫天地之间，物各有主，苟非吾之所有，虽一毫而莫取。惟江上之清风，与山间之明月，耳得之而为声，目遇之而成色，取之无禁，用之不竭。是造物者之无尽藏也，而吾与子之所共适。"

苏轼是在劝慰朋友，其实也是在提醒自己：既然无法改变外部世界，那么不如转换心态，活好当下，才是最重要的。

正如马可·奥勒留在《沉思录》中所说："虽然你打算活三千年，活数万年，但还是要记住：任何人失去的不是什么别的生活，而只是他现在所过的生活；任何人所过的也不是什么别的生活，而只是他现在失去的生活。最长和最短的生命就如此成为同一。"

苏轼尽力去做自己最想成为的那种人——"上可以陪玉皇大帝，下可以陪卑田院乞儿"，"眼前见天下无一个不好人"。

比如高僧参寥子是好人。他非但不怨恨"乌台诗案"遭东坡连累，被迫还俗，还不远千里从杭州到"雪堂"来看望苏轼，只为抚慰朋友的孤独与寂寞。两人在海棠花开的季节游园赏景，参寥子以一碗枣汤代酒，笑看东坡醉倒在海棠树下；在"雪堂"赋诗品茶，提起名僧佛印欲将东坡曾经与鹅卵石一同赠予他的佳作《怪石供》篆刻在石碑上，参寥子看着东坡，一脸的高深莫测，东坡摸摸鼻子，讪笑着掏出仅存的二百五十块色彩斑斓的鹅卵石，并作了一篇《后怪石供》送给了这个"斤斤计较"的倾慕者权当纪念……

比如临摹家米芾是好人。那时候，在书法界极有天赋的米芾，已临遍各大名帖，并能达到以假乱真的境界，可他却自觉遭遇瓶颈，无论如何练习创新，始终无法更上一层楼。

就在米芾为此一筹莫展之际，东坡的《寒食帖》横空出世。因苏轼下笔时心情惆怅，并将情感投注在笔墨的横竖撇折里，才成就了变化万千而又浑然天成的"天下第三行书"，并被拿来与王羲之的《兰亭集序》和颜真卿的《祭侄稿》相提并论。

听闻此，米芾在回京路上，专程来拜访这位落魄高人。两人初次见面，米芾就被东坡趁着酒兴在观音纸上泼墨画竹的画法——拔地而起，直至顶端，一气呵成——所惊艳。

米芾忍不住问："竹子不是一节一节地长，一节一节地画吗？"

东坡反问："你见过？"

米芾撇撇嘴："没见过，不过……"他看东坡画的枯枝朽木，像虬龙一样弯弯曲曲，看不出起点，也找不到终点。怪模怪样的石头，不管是笔法还是纹理也是异于常人的生硬、古怪，他一针见血："古怪纠结至此，可见你心中还有怨，抑郁、难受。"

或许正是这句话，让东坡对米芾有一种难言的亲近感，将米芾视作了知己。毕竟天下再大，可能一眼看出自己心中所想并直抒胸臆的，又能有几人？

但当东坡的知己不是那么容易的，他为人率真，随心随性。他看上了米芾爱不释手的紫金砚，把玩着就放在了自己的案头；不过，礼尚往来，他将手底下画好的《枯木竹石图》送给了米芾。

米芾虽生性古怪，可以对八尺有余的嶙峋怪石每日朝拜，也可以为了心爱的书帖，造假以藏私，却同样也是个性情中人。见东坡喜欢他的紫金砚，不但双手奉上，还陪东坡写诗文来化解苦闷，哪怕日后天各一方，两人也是书信往来不断。就是这份真性情，造就了俩人长达二十年的友情，也是在东坡的指点下，米芾的书法造诣直上云霄。

比如发小巢元修是好人。他豁达明理，重情重义，与苏轼一同在蜀中求学，明明有着能考进士的才学，却弃文从武。虽然因根基不稳而武举落榜，他却毫不气馁，反而效仿前人游历大江南北，拜访名家，以求精进。

后来巢元修遇到脾气相投的熙河名将韩存宝，两人结为兄弟。但这样肝胆相照的日子却没能维持多久，韩存宝因兵败被朝廷问罪，最终被处死。韩存宝死后，巢元修自知亦不能存于朝廷，于是收拾行囊，不告而别。他在途中听闻昔日好友东坡被发落到穷乡僻壤黄州，特地带了眉山特产——野豌豆种子——前来探望。还帮东坡平整土地，拔草垦田，播撒种子，浇水施肥，直到山坡上郁郁葱葱的绿意让东坡都恍惚觉得回到了眉山老家。他颇有才学，为东坡的两个儿子讲经论道，帮他们开阔视野，增长学问；还会看病抓药，拿出自己精心收藏的"神药"圣散子方，治好了因气候不适而常染病的东坡。

比如旧识陈季常是好人。他洒脱俊逸，开朗乐观，从前与苏轼就无话不谈，如今两人境遇相似，更有惺惺相惜之感。东坡曾口无遮拦地开陈季常玩笑："龙丘居士亦可怜，谈空说有夜不眠，忽闻河东狮子吼，拄杖落手心茫然。"陈季常虽被取笑是个"惧内"的小丈夫，但也不和他计较，反而还七次往返于临皋亭来探望东坡。

比如相伴身侧的张怀民是好人。夜半三更，被东坡从床上抓起来，不但要睡眼蒙眬地陪着他赏月，还得违心地点着头承认："能与君共赏此轮明月荣幸之至，此月皎洁明亮，实在难得一遇。"这段情谊在《记承天寺夜游》中可窥一二：

元丰六年十月十二日夜，解衣欲睡，月色入户，欣然起行。念无与为乐者，遂至承天寺寻张怀民。怀民亦未寝，相与步于中庭。庭下如积水空明，水中藻荇交横，盖竹柏影也。何夜无月？何处无竹柏？但少闲人如吾两人者耳。

至少现在，东坡肯定觉得，就此做个闲人似乎也不错，管他风雨飘摇也好，繁花似锦也罢，从此清风明月，烟波浩渺，于农耕三餐里体味平凡的一世安稳。

第十六章

鸿鹄东行

虽以身寄山水，心仍相系万家。

在黄州，熬过了最开始的艰难时光后，东坡着实过了一段很惬意美好的田园生活。

为了学习"产稻十斛"的经验，东坡专程到三十里外的沙湖买地，被雨淋病了也不在意；他托好朋友介绍地段还不错的宅院，用来布置解决养老问题；得知弟弟苏辙被上司刁难，仕途之路苦不堪言，连连写信催他辞职来黄州和自己一起过农耕生活。

弟弟没有来，但宋神宗的亲书手札却在元丰七年（1084）——东坡谪居黄州的第五年——姗姗来了。

宋神宗想起了苏轼，将他从黄州调去汝州任团练副使。看着这封自己从不敢企盼的诏令，东坡心中百转千回。虽然去汝州只算得上是平调，也并没有就此被赦，但是汝州总比黄州的生活环境好很多。东坡觉得天子终究是明白他的一片忠心的。

在外人看来，这些年来东坡寄情山水，似乎全身心沉浸在田园生活中，但只有当事人才明白，藏在胸壑间的远大抱负从未消退。否则，又怎会在听说岳鄂一带的乡民，因贫穷只能将新生的婴孩亲手溺杀时而"闻之酸辛，为食不下"？

又怎会费心费力地为鄂州太守出谋划策，造福于民呢？

为了保护弱孤幼儿，他提议以律法约束："准律，故杀子孙，徒二年，此长吏所得按举。愿公明以告诸邑令佐，使召诸保正，告以法律，谕以祸福，约以必行，使归转以相语……"而后，身体力行地创建救助机构"救儿会"，组织社会救援，动员民众捐献金钱或物资。一方面做民调，给即将添丁的贫困户发放物资和钱财，并做心理疏导；另一方面，将荒野、江河等地被丢弃的婴孩收治一处，集中喂养。

东坡可谓是尽心尽力。到了知天命的年纪，他已明白利益最是考验人性。为防有人以此敛财，他先是请来古道热肠而又正直清明的邻居谷兄弟担任救助会总事，又请安国寺一个德高望重的和尚管理账目，以达到彼此帮扶，互相掣肘的效果。

闲暇的午后，众人闲话家常，各抒胸臆，他说："如果每年能够救助一百个婴孩，那才算得上是件大喜事。"所以，纵使囊中羞涩，他仍是捐出了十缗钱。

如今，看见天子的那句"东坡黜居思咎，阅岁滋深，人材实难，不忍终弃"，东坡心中那缕萦绕不断的怨愤一瞬间荡然无存。强颜欢笑的勉强，日日夜夜的自省与救赎，呢喃了无数遍的"我很好"，吟诵了千百次的千古名句，豪饮了无数杯的酒，也在一句"人材实难，不忍终弃"中消失殆尽了。

可是，离别在即，他却迟疑了。

雪堂前，他亲手栽种的柳树已经发出了新绿；东坡坡头上，元修带来的野豌豆已经吃了一茬又一茬；院子里挂着的雨蓑，没来得及收，又被夜里的雨丝打湿了；定慧院里的那株海棠也快开了，不知会不会比去年开得更艳；东坡田埂边的秋菊，再也吃不到了……

于是，即便船期已定，弟弟那边也早已收到了他要绕道探亲的消息，可他却一天又一天地陷在不知归期的话别酒会里，喝了一杯又一杯，说了一句又一句："我还会再回来的。"

舍不得。

他叮嘱谷兄弟好好管理"救儿会"，交予雪堂的钥匙时，还不忘交代新抽的柳枝娇嫩，不要修剪得太勤，又止不住说了些家长里短，譬如元修带来的野豌豆，用水焯茎后凉拌着好吃；务必多晒晒自己的雨蓑，以免发霉；还约定下一次回来，一起再去定慧院看海棠花，一醉方休！

前来讨诗词的人络绎不绝，东坡慷慨地为一个又一个前来讨诗词的人挥毫泼墨，就连地位卑贱的歌妓请他题诗，他也未曾拒绝，而是在她的丝巾上挥毫："东坡五载黄州住，何事无言及李宜？恰似西川杜工部，海棠虽好不吟诗。"在后两句诗中，东坡用了杜甫身在海棠之国，赞遍了各色花种，却从未赞扬过海棠花的典故，而这令此歌妓在诗国留下一个传颂千年的美名——胜却海棠的李宜。

酒喝完了，离别的话也总有哽咽到无言的时候，调任诏令中留给他的时间不多了。终于在四月的一个黄昏里，东坡挥手告别站在江岸边相送的父老乡亲，起航的船渐行渐远，看着茫茫的江水，哽在喉间的不舍，化作诗句："他年一叶溯江来，还吹此曲相迎饯。"

陈季常拍拍他的肩，苏东坡回过头，不禁想起有次兴起，独自跑到岐亭去见陈季常，途中过夜的时候，梦到一个面目全非的和尚，不知何故，沾了满脸的血，盯着他，一副欲说还休的模样，吓了他一跳。结果第二天两人游玩路过一座破庙，竟发现庙里供奉着一尊面目全非的罗汉，惊得俩人面面相觑。既是应梦的罗汉，东坡不能放任不管，便将罗汉像运到了安国寺，修整后以香火供奉，也算是让它有了归宿。

初来时，陈季常"白马青盖"与他相逢；离别时，又陪着他途经武昌山、慈湖，一路到了九江，历时十数天。

终于到了不得不说离别的时候了。

岐亭，是陈季常的归宿；而东坡，幽幽庐山，才是他在望的前路。

攀登庐山时，东坡不是一个人。从他离开黄州开始，参寥子就一直陪在他身边。与身后站着一排排老弱妇孺的陈季常不同，参寥子孤家寡人一个，随时可以来一场说走就走的旅行。

就这样到了位于初唐诗人王勃笔下"滕王阁"北边的幽幽庐山。早在东坡之前，谪仙李白已经替他见识过庐山香炉峰的险峻，观望过雄奇壮美的庐山瀑布。

李白当年是从西面上山，东坡一行人则低调地从正南面一条僻静的小路登山。本意是不欲惊动他人，却不想东坡居士来庐山的消息还是不胫而走。几人刚进山，就被百姓、倾慕者的热情灼热了心。看到众人夹道欢迎，并想要一睹名士真容的场景，东坡心中感慨万千，忍不住脱口而出："芒鞋青竹杖，自挂百钱游。可怪深山里，人人识故侯。"

辞别了热情的百姓，终于来到了"匡庐奇秀甲天下"的名迹处，东坡连连发出惊叹："自昔怀清赏，神游杳霭间。如今不是梦，真个在庐山。"

等到终于见到了李白曾夸过"飞流直下三千尺，疑是银河落九天"的庐山瀑布时，东坡更觉惊心动魄，荡气回肠。到了此时，他便更瞧不上杭州刺史白乐天选出的"首荐"才子徐凝所作的诗句"虚空落泉千仞直，雷奔入江不暂息。今古长如白练飞，一条界破青山色"了。在他心中，描写庐山瀑布更为传情入画、余音绕梁的，自然是李白之诗。于是，豪迈的东坡，在抬高李白的同时，还不忘"踩一脚"徐凝：

"帝遣银河一派垂，古来唯有谪仙词。飞流溅沫知多少，不与徐凝洗恶诗。"

他明知道主观成见会影响客观的判断，却依旧一副说你不好就是不好，谁来"洗白"都不好使的架势，让诗国人士常将李、徐之作争论不休。

意犹未尽地游罢庐山后，东坡笔锋一转，以一首熠熠名篇《题西林壁》总结道：

横看成岭侧成峰，远近高低各不同。

不识庐山真面目，只缘身在此山中。

至此，名诗流传千古，庐山更是扬名天下。

游完庐山，与友人分别后，东坡便快马加鞭地赶去筠州看望分别近五年的弟弟了。

在得知苏轼将来后，苏辙早就每日到门口翘首以盼，最后还跑到十多公里外的建山寺亲自迎接敬爱的哥哥。暌违已久的兄弟俩，再见面仍亲切如前。

但苏辙的日子也不轻松，他没有东坡于岭上诗与远方的苦中作乐，他囿于筠州，一面要处理繁杂的朝中事务，一面要应付上司同僚的为难，一面还要照应兄长一家。要顾全大局，也要保护小家。这让东坡忍不住对弟弟"埋怨"道："我想与你对酒当歌，携手同游，可你竟以公务为重，对我避而不见，我几次三番邀你前去与我归隐山林，可你只将子侄们送来让我教导，子侄们虽然都勤学上进，与我感情甚深，但是这些都比不上我们的手足之情啊！"

苏辙也委屈，积年的困宥让他心中无比苦闷，他说："然盐酒税旧以三吏共事，余至，其二人者适皆罢去，事委于一。昼则坐市区，鬻盐、沽酒、税豚鱼，与市人争寻尺以自效。"

想他一个手无缚鸡之力的文弱书生，脸皮比纸薄，还得与市井之人争那点蝇头小利，忙碌一天，待到夜归于家，早已累得筋疲力尽。但这些若能换得家人安好，百姓安康，一切就都值得了。

东坡自然明白兄弟的难处，前述怪罪之语，也是因为太过想念兄弟而始终不得见，于是他只好安慰苏辙："你是干实事的人，本来能有一番更大的作为的，只是我连累了你，才让你的仕途多有不顺。身为兄长，惭愧呀！"

兄弟情深，苏辙更见不得兄长自责。

苏辙将兄长东坡安置在他最喜欢的东轩小阁里，特意拿出妻子做的眉山特产"水饼"来招待东坡，带他游览大愚寺，与高僧论道参禅；他们一起渡船寻访城南金沙刘村的贤士——刘平伯，三人促膝谈心，把酒言欢，金沙渡口因而被改名为"来苏渡"。

皎皎月光中，兄弟两人并卧在东轩小阁里，看着屋前的杉树和竹林，一起感慨岁月无常，一起畅想美好未来。他们来路虽已定，但前路仍可期。

风里杨花虽未定，雨中荷叶终不湿。

第十七章

握手言和

生活的本质也许就是不断地离别。

元丰七年（1084）五月初九，和苏辙道别后，东坡赶往九江，于六月初送走了等候在九江的参寥子，至此，一路从黄州携手走来的朋友们，全都各奔东西。

以往，东坡并不会因为这必然的别离而生出些许伤感，他深知"海内存知己，天涯若比邻"，深知朋友在心不在面的道理。然而这次，他却有点怅惘了，因为就连他的儿子苏迈，也即将启程远赴他乡，离开他了。

苏迈此时已二十六岁了，虽已成家，业却未立。东坡其实也早已觉得应该让他出去闯荡，走出属于自己的仕途之路。但无奈前事繁多，桩桩件件接踵而来，自己又舐犊情深，实在不忍分离。三思之后，东坡决定放手，他为儿子谋了份饶州德兴县的县尉差事，让他先去历练历练。

苏迈出行之际，东坡一路相送至湖口，与他一同游览石钟山。东坡满心不舍，一路都在叮嘱。但即使不愿，却总有别离时。

临别前，东坡将一方亲手篆刻了四句警言的石砚送给儿子：以此进道常若渴，以此求进常若惊；以此治财常思予，以此书狱常思生。

他告诫儿子："为官之路，艰难坎坷，人心复杂，诱惑更多，然君子者，当坚守本心，砥砺前行，即便官职低微，也不可忘记爱护百姓，保家卫国。"

苏迈牢记父亲教诲，到任后不负所望，一心为民，鞠躬尽瘁。在《德兴县志》里，就留下了令地方百姓敬仰的载语："文学优赡，政事精敏，鞭朴不得已而加之，民不忍欺，后人仰之。"不过，这些都是后话了。

东坡看着儿子离去的背影，心中郁郁，感慨万千。儿子的前途尚未可知，而自己距离汝州也还尚远，没有最亲的儿子陪伴左右，东坡心中悽然尤甚。

江水滔滔，风雷阵阵，东坡顺着江流而下继续前往汝州就任。为了纾解与儿子分别后的惆怅，他决定途中边玩边去看看自己的老朋友——经池州时，他去看望了太守王文玉，两人以酒会友，以诗作歌；过芜湖时，他专程去赏"玩鞭春色"，并题诗留念；过当涂时，又有幸遇到知己歌姬胜之姑娘。

可人生无常。

七月，骄阳似火。小船里，暑气与湿气不断纠缠，苏轼的家眷中，老弱者颇多，又一路长途跋涉，在苦苦支撑到金陵的时候，大多都已经坚持不住病倒了。

东坡患了疥疮，深受其痛，坐卧难忍；妻子王闰之也病倒在床；刚为人母的王朝云怀抱着啼哭不止的十月大的婴孩，束手无策。而是到七月二十八日，这个等不及长大的孩子，终究在母亲的怀里，永远安静地睡着了。

王朝云号哭不止。东坡愣愣地看着她，无法安慰，只能强忍着丧子的悲痛，从这个满身乳水的母亲怀里抢走早已冰冷的孩子，在身后撕心裂肺的恸哭声里夺门而出，亲手将自己的骨肉至亲埋葬。这一年，他四十八岁。他涕泗横流，抖着唇，泣不成声："恶业我累尔。"

都是他的错。

他无法面对已逝的孩儿，无法面对朝云，但没想到就在他最潦倒、困苦的时候，他再次见到了王安石——这个于他有恩、有怨、有气，更与他相互欣赏的长者，曾经宠盛一时的固执丞相，如今也变成了便服素裹的花甲老人。

东坡一直知道王安石隐居在金陵的半山园，每日骑着毛驴，带着两个小书童，踏游金陵各处山水。兴致来了，吟吟诗，题题词，也串门、聊天、喝酒，比他在东坡时的农夫生活好太多了。

本以为这次重逢，能使俩人产生共鸣的唯有那份挥之不去的丧子之痛，却没料到，久别再见时，两人对视良久，过去的恩怨竟像如幻的泡沫，"砰"地一下，全碎了。油然而生的，竟是从来没有过的惺惺相惜。

王安石脱掉朝服后，那一身的坚硬也随之瓦解。而今便服素裹，牵着毛驴，令东坡不禁慨然："轼今日敢以野服见大丞相。"

刨除了政治成见后，王安石对东坡的才学是颇为欣赏的，他也像对待朋友那般自然地接待东坡，与其讨论诗文杂句。两人时隔多年，终于摒弃前嫌，携手同行。东坡在金陵休整的一整个月里，频频来往于半山园。文人相聚，无非谈诗论道，这也让东坡惊觉，王安石除了和他政见不同之外，其他方面竟意外地相合。

其实这早有征兆。之前，王安石便将东坡所作《胜相院经藏记》中"如人善博，日胜日负"，一句里的"负"字改成"贫"字。东坡得知后，拊掌大笑，他理解王安石为何而改——如果人好赌博，赢了钱，看似是富有了，但其实长久处在赌场和输赢那样的环境中，精神世界便会一日日贫乏，可不就是用"贫"比"负"更为恰当吗？

而今，王安石不满意门客对"动""静"二字的理解，但听到东坡所作"精出于动，守神为静，动静即精神"时甚为满意。

东坡做罢王安石所设的谜题，出于礼尚往来，也定要考校一番。东坡想起自己在东坡时，杵着锄头在大雪纷飞里农耕，遂即兴吟了两句"冻合玉楼寒起粟，光摇银海眩生花"，然后不无得意地问王安石："你知道我这是用了什么典故吗？"

谁料王安石轻飘飘地说了一句："这不就是道家常说

的'两肩'为玉楼，'双目'为银海吗？"引得东坡又敬又叹，当即感慨称赞："学荆公者，岂有此博学哉！"

王安石却深觉东坡乃是人中龙凤，其文思才华更胜自己，想到两人同为欧阳修的学生，便提出将欧阳修当年没来得及编著的《三国志》交由东坡完成。

东坡一听，忙推诿道："我不行，我不敢，我不擅长。"

王安石遭到拒绝后也不生气，反而对这个小他十五岁的朋友喜爱至极。还暗示东坡："千载纷争共一毛，可怜身世两徒劳。无人语与刘玄德，问舍求田意最高。"

东坡得到暗示，从半山园离开后，便整日奔走相田，却始终没遇上合心意的。王安石得知后，劝说东坡与自己比邻而居："实在不行，你就来和我做邻居吧。"

东坡大为感动，几杯清酒下肚，问出了藏在心中很久的疑问。

虽然两人重逢后情谊日益深厚，但也都心照不宣地绕过了"政治与朝廷"这个敏感的话题。今日东坡借酒挑明，王安石也不再避讳。

东坡放下酒杯，激动地问道："您不是改革家吗？不是致力于建设国富兵强的新大宋吗？可是您看看现在，战事连连，兵将枯骨累累，百姓流离失所，您却这样眼睁睁地看着也不阻止，这又是为什么呢？"

王安石沉默良久，回复道："不在其位不谋其政。如今吕惠卿当政，而我一个退居田野的糟老头子，又怎么阻止得了？"

这也要怪他当年识人不清。吕惠卿是王安石一手提拔的，虽然司马光多次提醒过他："提拔吕惠卿这种空有才学却无品德的人，当心反被出卖换取利益。"但王安石过于自负，不以为意，结果在王安石失势后，从前唯他马首是瞻的吕惠卿嘴脸一变，转而攻讦王安石之前的种种措施，还构陷王安石的弟弟王安国，打压他的儿子王雱，无所不用其极。

东坡自知在天子面前人微言轻，但仍不免痛心神宗曾经的盟友、最相信的股肱之臣却蛰居在这半山园里，空度余生，也痛心当今朝廷的懦弱。他情绪越发激动："国公绝非普通之人，世人皆知天子看重国公，对您更是以礼相待，您现在又为何要自轻自贱？为天子分忧为朝廷百姓分忧乃是为官的根本，国公现在又为何再不献一言，不进一策？还是说，您真的早已忘记了自己的初心？"

东坡的话刺痛了王安石。他皱紧眉头，似乎想起了自己为政的初心。很多时候，怀抱着的一腔热忱，走着走着，就会被外物蚕食，逐渐忘记了最初的愿望。等到再回头，想要重新拾起，却发现或许已经来不及了。但所有的来不及不过是不想去做、害怕去做、不敢去做的借口。他眉头一松，释然一笑，说："我知道该怎么做了。"

王安石的努力没有白费，奸臣吕惠卿被新、旧两派同时孤立，最终被神宗发落出京。可这一切都是亡羊补牢之举，王安石自知愧疚，也再未回到朝廷，回到神宗的身旁，但他们的君臣之谊一直都在。

东坡走后不久，王安石大病了一场。神宗得知后，当即派了国医来诊治。

病好以后，王安石感念神宗之谊，将自己半山园的房产捐赠给了寺僧，被神宗命名为"报宁禅寺"。

此后，王安石摒弃一切外物，迁居于秦淮河畔，在那里，他租住了一间小屋，骑着毛驴，度过了自己最好也最安宁的余生。

第十八章

深情厚谊

　　古人通信缓慢，却情谊深厚。东坡从元丰七年（1084）四月出发，走了四个月还未走到汝州。如今，才刚拜别了金陵的王安石，又被范仲淹的表弟滕元发拦在了金山脚下。

　　滕元发九岁能赋诗，堪称奇才。范仲淹惜才，将他带回家中教养。他果然不负所望，八年间两次摘得探花。

　　不久前，滕元发被人诬陷，惨遭贬谪，正是东坡帮他修改上书神宗的手稿，才令他得以昭雪。他感念东坡之恩，不顾危险，乘舟破浪而来，只为见东坡一面。自己有幸沉冤得雪，他自然也希望东坡能够重得天子赏识，于是急东坡之所急，并积极为其出谋献策。

　　他是个极具阳刚之气的美男子，生性豪爽，不拘小节。一见面，就握着东坡的手说："东坡吾兄，当今天子乃是明君，也深知你忠君爱国之心，此前我侍奉于御前时还经常听到圣上提起你，言语中对你颇为赞赏。但又因你所作诗词过于狂悖，由此生你的气不肯赦免你的罪责，你当下应将前日所作之狂悖诗词尽快销毁，向天子主动认错，静思己心，最好再写一篇检讨书，我想办法呈给圣上，说不准圣上感念你的功绩和才干，从此赦免了你，你就能东山再起了！"

　　滕元发此行是洗去冤屈后，被调往湖州任职。东坡听完不是不动心。只是，那些文字代表着他的过去，毁了它们，便也是否定了曾经的自己。那这么多年的坚守与困苦岂不成了一场笑话？他犹疑不定："好、好、好，我再想想，再好好打算打算。"诗词文章于他是生命的一部分，让他否定自己生命中的一部分，可想而知有多难。

这一犹疑便到了金山。

金山有座金山寺，寺里住持是佛印。一听东坡来了，立刻请他去寺里借宿。至交好友们听到东坡暂住金山寺的消息，也全都汇聚到了这里。安静的寺庙一时间人声鼎沸，熙熙攘攘。

东坡与朋友们在此作诗解文，不亦乐乎，大家此行都十分尽兴，只是，有一人却有些愁容惨淡，他就是秦观。

比起其他人，秦观的日子最不好过。元丰七年（1084）的秦观，还不知道自己马上就要名扬天下了，此刻的他还在为两次科考败北而苦恼。

东坡最见不得朋友丧气，拍着胸脯向他保证："别灰心，你的才气堪比明月，被发现是迟早的事。我最近识得一位惜才爱才之士，你将你所作文章佳句整理整理，晚些交给我，我去找他帮你宣传。"

秦观半信半疑，但还是选择了相信东坡，听从他的建议，将以往作品结集成册，交给了他。

东坡将秦观的诗文一一翻阅后，当即执笔给王安石写信，言语极尽夸耀，说秦观"博综史传，通晓佛书，讲习医药，明练法律"，又说"才难之叹，古今共之，如观等辈，实不易得"，夸秦观简直是天上地下绝无仅有的奇才，切不能叫明珠蒙尘，"王公，就借你之名抬举秦观一二，让这颗蒙尘之珠能早日得到赏识吧"。

秦观看着东坡写的溢美之词，阴霾一扫而空，重新振作了起来。

王安石的回信，虽只一句"得秦君诗，手不能舍"，却让秦观的心愈加坚定起来。王安石的朋友叶致远更将他与南朝文学家鲍照、谢朓相提并论。

得人赏识夸奖，秦观士气重振，有了勇气再次进京参加考试，第二年总算得偿所愿，考中进士。

蒋之奇与东坡是同年进士，为人颇受诟病。

蒋之奇曾受欧阳修的提携，坐上了监察御史之位。但在王安石上位后，他迅速投靠新派，为了打击以欧阳修为首的旧派，不顾念昔日恩情，恶意诽谤德高望重的欧阳修与其儿媳苟且。

宋时律法严明，乱伦不仅要受道德的谴责，还要视情节严重程度受刑法处置。所以，一旦欧阳修与儿媳通奸的罪名坐实，欧阳修不但会身败名裂，还会被下狱问罪。

那一年，欧阳修已经六十一岁了，耳顺之年，还要为自证清白，拖着疲惫的身体和满头华发到处奔波。

他质问蒋之奇："你如此诬陷于我，所据为何？所求又为何？"

蒋之奇张口结舌。

后来，这桩指控因证据不足，不予立案。蒋之奇也承担了诬告的恶果，被贬去道州负责酒税征收工作，可欧阳修也因此成为人们茶余饭后的谈资。

不知东坡是真的不在乎蒋之奇的小人之为，还是他心胸宽大，也不知蒋之奇是否痛改前非，反正蒋之奇是取得了东坡的谅解。东坡求田问舍绕了一大圈，兜兜转转，竟然在蒋之奇的牵引下，选择了将常州的宜兴县作为安享晚年的宅居之所。

对此，东坡连写了两封《乞常州居住表》，言辞凄凄呜呜，哀怨婉转。

他把这些年来攒了一箩筐的酸楚，哗啦啦地倒给神宗："天子在上，臣知您为历练臣而派遣臣子去汝州任职的一片好心，可是汝州路途实在遥远，这一路走来，臣一家老弱幼小，病倒许多，加之又囊中羞涩，求医治病都无银钱，真是内忧外困，苦不堪言。即便臣一家老小有幸能到达汝州，可初到一地，人生地不熟，吃住都成问题。加之臣俸禄微薄，恐供养不了家中老小。臣今在宜兴，有矮屋薄田几许，虽不能大富大贵，但臣今也只盼能养家糊口、衣食无忧了。由此，望天子体恤臣年事已高，准臣告老于此，让臣携家小留在宜兴终老吧。"

虽然东坡在宜兴置办了房产，但圣上的回复还未下来，他便一边等待朝廷回音，一边缓缓北上，于十二月初抵达泗州。享受了洗宴、会友、游美景的周到照顾后，完全丧失了继续前行的动力，此时又恰逢年关，他便决定在此地过了除夕再走。

泗州太守刘士彦是个尽忠职守的好官，谨遵当朝律法，入夜后绝不过军事要地泗州长桥。

但大文人东坡好不容易来一趟，岂能不陪到尽兴，不喝到大醉？刘士彦便陪着他畅游南山，纵情高歌，把酒言欢，不知不觉竟入了夜，还过了桥。

本来夜色正浓，悄悄地走过，不留一丝踪迹倒也无妨，可要命的是，东坡玩得开心了，喝得高兴了，便忍不住要放声高歌了。

北望平川。野水荒湾。共寻春、飞步屧颜。和风弄袖，香雾萦鬟。正酒酣时，人语笑，白云间。

飞鸿落照，相将归去，淡娟娟、玉宇清闲。何人无事，宴坐空山？望长桥上，灯火乱，使君还。

吟毕《行香子·与泗守过南山晚归作》，东坡心里痛快了，倒头就是一番好梦，丝毫不知道此举吓坏了太守刘士彦。等到第二天一睁眼，看到刘士彦的苦瓜脸，东坡被吓了一跳。

刘士彦叹气："唉，你这个大文豪这次可害惨我了！泗州城入夜后禁止过桥，你竟然无视法度，公然拉我过了桥。你可知违命过桥者要被判处两年刑罚的！"

东坡却不以为意："过桥乃兴之所至，情不自禁，况且现在又没发生什么不好的事，你且放宽心，没事的。你看我这半生，凡开口必会得罪人，我是从来不在意这些的，要是我也像你这般胆小，恐怕也不会有如此恣意的人生了。"

可他们终究是不一样的。东坡不在乎的事情，在刘士彦眼中，不亚于天崩地裂。

刘士彦哀求道："你还是将昨夜所作之词收起来吧，别再叫旁人看到了，免得落了口实！'长桥上，灯火乱，使君还'，这些可都是我们夜间过桥的实证呀！这件事要是让天子知道了，我这个泗州太守可就是知法犯法，要罪加一等的啊！"

东坡心再大，也要顾及朋友的感受，他立即出言安慰："好吧、好吧，你别愁眉苦脸了，我这就把词藏起来，谁也不给看，谁也不给念，行了吧？"

得了保证的刘士彦，终于把心放回了肚子里，继续陪着东坡游览山水。

朋友的可贵就在于，我懂你的担忧，愿意为你的担忧而收敛，而不是一味地索取与放肆。

正是这份极少有的"知心"，让各路文人骚客愿围绕在东坡身边。

东坡与弟弟的姻亲黄师是之所以能在汴口不期而遇，是因为黄师是仅凭一个熟似东坡的落魄身影，便急切地赶路，于大雪纷飞的除夕夜，特意驱船来辨真伪。

见果真是东坡，黄师是忙毫不吝啬地将自己带来的美酒佳肴搬出来送给东坡，惹得东坡连作两首诗来歌颂这个本该漂泊他乡、饥寒交迫，却因黄师是而变得温暖的除夕。

风雪无情，人有情。

第十九章

常州归老

东坡途经宿州的时候，正巧赶上上元节。那天，小雨如酥，冬去春来，乍暖还寒。宿州百姓在蛰居了一个冬天后，再也按捺不住初春的喜悦，纷纷跑上街头，赏花灯，游花会，看焰火铺天盖地绽放。

热闹非凡的景象让东坡忍不住感叹道："能使江东归老客。"范蠡在辅佐越王勾践成就霸业之后，便急流勇退，从此隐姓埋名。而如今东坡也理解了范蠡的心境，历经波折，曾经壮志凌云的热情早已消散，徒留一颗疲惫的心，似乎是笃定神宗会准了他的求奏，于是在上元节游毕后，他便住在了南都的张方平家。

张方平是苏家父子三人的伯乐，时年七十九岁，东坡对他一向敬重有加。到张家后，东坡日夜陪伴在张老左右，陪他晒太阳，陪他忆往昔，陪他晨间慢行……在俩人交往的三十八年中，知遇之恩与相合的性情，交织成亦师亦友的"忘年之契"。东坡重感情，在张老逝世后，更是为他披麻戴孝，守孝三个月。

终于在二月的一天，神宗应允他留在常州养老的诏令来了——让他仍担任检校尚书水部员外郎、汝州团练副使，不得签书公事，在常州居住。

东坡夙愿成真，恨不得即刻掉转船头回常州。可冷静下来后，想到自己这颠沛流离、一事无成的半生，仍不免感慨。岁月催人老，壮志难再行。曾经的凌云壮志不再，勃勃雄心已消，看着随着时光流逝而一日日增多的白发，谁不叹一句无可奈何？

怨天尤人从不是东坡的秉性，哀婉匆匆而过，东坡很快便又卸去沉重的包袱，倒满酒，晒太阳去了。几杯美酒下肚，微醺之时，又执笔挥毫洒墨，要不负好春光。

此时在南都，东坡的身心真真切切都得到了前所未有的放松。他逢人便说，自己得到了神宗的批复，即将到常州养老去了，惹得朋友又是送绢又是送丝，并为他张罗家当，置办东西。他前脚对朋友之义感激涕零，后脚就将东西借花献佛，转赠给了另一位贫困潦倒的朋友，日子过得那叫一个惬意舒心。

眼看回常州的日子临近，东坡这厢还在满心欢喜地收拾行囊，似乎已经看到未来平淡又安宁的田园生活在向自己招手了，却传来天子于农历三月初五驾崩的消息，而这也给他再被贬谪埋下伏笔。

农历三月初五的黄昏，那个宋朝史上致力于改革强国的有志帝王赵顼，终究未能实现自己的远大抱负，在满心的不甘中与世长辞了。

看透了生活的本质，东坡明白世间有太多的无可奈何，不如放下执念，活在当下。所以，哀思过，痛哭过，怀念过，东坡便启程赶往宜兴。

抛开了神宗驾崩后的愁眉锁眼，东坡现在满心满愿都是对自己归田后美好生活的憧憬。途经扬州时，东坡又得意忘形了，不顾神宗驾崩才数月，他口无遮拦地作了首《归宜兴留题竹西寺》，并将它写到了竹西寺的院墙上：

十年归梦寄西风，此去真为田舍翁。
剩觅蜀冈新井水，要携乡味过江东。
道人劝饮鸡苏水，童子能煎莺粟汤。
暂借藤床与瓦枕，莫教辜负竹风凉。
此生已觉都无事，今岁仍逢大有年。
山寺归来闻好语，野花啼鸟亦欣然。

此时的东坡怎么也料想不到，他此后十几年的颠沛流离，大都由此诗而起。

元丰八年（1085）五月二十二日，东坡一家住进了宜兴的新家。新家环境清美，前有蜿蜒的清流小溪，后有峻伟挺拔的青山白云，夕阳西下时，余晖铺染东边的天空，美极了。

这里的河豚也好吃，为了一饱口福，东坡更不惜走街串巷，打听谁家的巧妇能把带毒的河豚肉做成珍馐美味。外向活泼又有冲天才气的人，总少不了这样的口福。当地某士大夫得知他爱好河豚肉，兴冲冲地邀请他赴宴，以期见识大才子的绝代风华。

在饕餮美食面前，所有的文采都会黯然失色。大快朵颐之后，东坡只剩下一句："也值得一死！"

生命诚可贵，河豚价更高。

后来，在为僧人惠崇的画作《春江晚景》题诗时，他想起念念不忘的珍馐，禁不住推销：

竹外桃花三两枝，春江水暖鸭先知。

蒌蒿满地芦芽短，正是河豚欲上时。

只是，这样的好日子并未延续多久。神宗的儿子赵煦继位了，所谓一朝天子一朝臣，这天，很快就要变了。

赵煦继位时才刚十岁，着实担不起一国之政。于是，由有"女中尧舜"之名的太皇太后高氏垂帘听政。

神宗死后，早已与吕惠卿一党有嫌隙的太皇太后，立刻清洗朝堂。

太皇太后闺名高滔滔，出身将门，做事手段高超，雷厉风行，与古代一般的闺中柔弱女子有很大不同，她是个很有主见、很有智慧的执政者。

她三岁入宫，被姨妈曹皇后认作女儿，当初本是作为仁宗的妃嫔培养的。可命运就是这般奇妙，她在曹皇后的寝殿里，遇到了改变她一生的男人——赵宗实。

说到这就不得不提一提赵宗实曲折的"帝王之路"了——

他的父亲赵允让，八岁时被过继到夭折了五个儿子的宋真宗名下，当作皇储接班人培养了七年。但就在这时，宋真宗的第六个儿子赵受益，也就是宋仁宗呱呱坠地，赵允让欣然做回了皇亲国戚。

但上天似乎铁了心想让他们这一脉的人做皇帝。到了赵宗实时，宋仁宗也是三次遭遇丧子之痛，赵宗实于景祐二年（1035）被过继给宋仁宗做皇储候选人，四年后，又因仁宗的儿子出生，被送出宫，后来皇子夭折，才又被重立为皇太子接任帝王之位。

皇位继承人并不是那么好做的，不管你做什么，都有无数双眼睛盯着、看着，总想挑出你一点错处来，总想上奏参你个不对。因此，你必须时刻保持警惕，时刻保持理性。史书上说："帝天性笃孝，好读书，不为燕嬉亵慢，服御俭素如儒者。每以朝服见教授，曰：'师也，敢弗为礼？'"

这些对一个孩子来说，或许并不是天性，而是无可奈何。无可奈何地温和、敦厚、庄重、有礼。

直到他与高滔滔相遇。

这个将门虎女温暖而活泼，热烈而率性，像一道暖阳照亮了他的人生。他们一起读书，一起玩耍，相互陪伴着。于是，当青梅竹马、两小无猜的二人，逐渐催生出爱情时，连仁宗都为他们高兴。

庆历七年（1047），他们终于喜结连理。哪怕那时候，他早已不再是皇储候选人，没有辉煌的未来，没有灿烂的人生，高滔滔却仍然愿意追随他，一生欢喜。

那一年，他们的结合，以八个字，在历史上留下了浓墨重彩的一笔——"天子娶妻，皇后嫁女"。

只不过，宋仁宗没有他的父皇幸运，他那迟来的皇储继承人终究还是夭折了。

重立赵宗实为皇太子是宋仁宗迫不得已的决定，却成就了一段真实的，如爱情话本里最令人艳羡的帝后爱情故事。

在女子深受毒害的封建年代，贤妻良母的代表是像苏轼的妻子王闰之和王安石的妻子吴琼这样的，她们一个为丈夫供养姜室，一个为丈夫买女纳妾，而绝不会是独占后宫的高滔滔。

连已升为皇太后的曹皇后也对高滔滔不满，搬出女德劝诫儿媳妇："官家即位已久，今圣躬又痊平，岂得左右无一御侍耶？"

新任皇后高滔滔听后自然不快，直言回道："奏知娘娘，新妇始得嫁'十三团练'耳。"我嫁的是家中排行十三的团练，可不是什么皇帝陛下。

　　一句话说得皇太后再生气也不能再说什么了。高滔滔当初嫁给赵宗实时并未要求他什么，她爱的是他这个人，不管他是皇亲国戚还是太子平民，而今赵宗实因缘际会，登上大宝贵为皇上，亦不能要求高滔滔如何。

　　高滔滔与赵宗实的爱是双向奔赴的爱，纵使高皇后后来出于为已改名为赵曙的赵宗实的身体考虑，为他纳了三个妃嫔冲喜，依旧留下了"一生一世一双人"的爱情佳话。

　　原本，丈夫英宗能干，儿子神宗敢干，高滔滔可以只做他们背后的女人，但现在丈夫去世，皇帝年幼，她就不得不垂帘听政了。

第二十章

委以重任

一朝天子一朝臣，神宗改革时，守旧派以司马光为首，后来，他因与王安石所带领的新派政见相左而主动隐退洛阳。随着太皇太后垂帘听政，隐退洛阳的司马光被重新启用，连带着东坡这颗被闲置一旁的棋子也将被委以重任了。

神宗已逝，当太皇太后的诏令从京师抵达洛阳时，司马光正在屋里埋头修书。他本不想再跳进政治的旋涡里，奈何太皇太后强硬地将他架到了副宰相的高位上。

听闻天子驾崩后，司马光特地从洛阳赶去京城为神宗奔丧，他所经之处皆被围堵得水泄不通，人人争相叫他"司马相公"，并大声祈求："公无归洛，留相天子，活百姓。"

满目疮痍，满耳怨声载道。

至朝堂后，太皇太后问司马光："对于恢复民生之法，卿可有计策？"

司马光回复太皇太后："开言路。"

他用三个字惹得朝臣沸腾。在一片质疑不满中，又用一句话强化了他的决心："若安石、惠卿所建，为天下害者，改之当如救焚拯溺。况太皇太后以母改子，非子改父。"

名正言顺，堂堂正正。

于是司马光与太皇太后达成一致——推翻神宗时期的新法，还百姓一份安居乐业。

面对千夫所指，新法的拥护者们起草了六条禁令，威吓道："若阴有所怀，犯非其分，或扇摇机事之重，或迎合已行之令，上以徼幸希进，下以眩惑流俗，若此者，罚无赦。"

司马光明白，要想彻底地推翻新法，一个人的力量总归是渺小的，他需要更多的拥护者。于是，司马光向高太后推荐了过去曾与他一起并肩作战抵抗新法的文人志士，东坡亦在其列。

朝廷要他去登州任朝奉郎的消息传到东坡耳中时，他正在为身上无银钱乔迁换居而苦恼。

原来，某天他恰好看到一老人缩在四处漏风的茅草屋里，日日垂泪，经过调查得知，这个处处令他满意的宜兴新舍，居然是原房主瞒着已经垂垂老矣的母亲，私自卖了的。

光明磊落的东坡不允许自己乘人之危，更不允许自己对这件事充聋作哑。他当着老人的面将房契一把火烧成灰烬，将房子还给了老人，也不去追究买房的银钱。但这样一来，东坡的良心是好受了，一家的生计住宿却成了问题。一大家子人此刻都跟着他正挤在租来的小屋里，度日如年呢。

因此得知东坡被举荐并得到圣上重新启用时，他的妻儿都又惊又喜，着急收拾了行囊，催着他赶紧去赴任。

面对妻儿的渴盼，一时间，东坡心中五味杂陈。有些东西，拼尽全力追求时怎么也得不到，等到放弃了，与自己和解了的时候，它却又轻而易举地来了。

东坡写下《蝶恋花·述怀》一词：

云水萦回溪上路。叠叠青山，环绕溪东注。月白沙汀翘宿鹭。更无一点尘来处。

溪叟相看私自语。底事区区，苦要为官去。尊酒不空田百亩。归来分得闲中趣。

他已过惯了悠闲自在的生活，吃惯了佛印费心烹饪的红烧肉，看惯了那对嬉戏的白鹭和藏在槐树间偷偷欢叫的蝉……他只想躺下来，望着满眼的绿色，直到终老。

但世事无常。

在这年蝉鸣的季节里，东坡还是妥协了。他带着一家老小，携着行李家当，往登州赴任朝奉郎，继续入世为官去了。

但是，已经历过半生沧桑的东坡，早已没了当初安天下的雄心壮志，他现已无执念，因此路途中走走停停。一路上访山游水，登高望远，等到登州之时，已经是深秋了。

登州有座文登山，海拔不足百米，但因秦始皇东巡时曾两度巡游而史上有名；这里还有"海如镜面，与天相际"的仙山蓬莱；亦有"东方云海空复出，群仙出没空明中。荡摇浮世生万象，岂有贝阙藏珠宫"的奇观海市，都是不可不去的风景名胜之地。

这些名胜吸引着才刚到登州的东坡去一探究竟。于是，在做好了上任职务交接、了解了公务职责，并尽职尽责地制定了整改方案——《登州召还议水军状》《乞罢登莱榷盐状》后，他就打算去游览登州仙境了。

岂料君心难测，东坡的高昂兴致又被一纸诏令打断了。天子欣赏东坡的才华，召东坡回京师担任官职。

任职于天子脚下，皇城之内，这在从前他心怀天下，意欲大干一番的时候，肯定是顶天的好消息，可对于现在的东坡，却并不见得是什么好消息了。

从前，是大自然的鬼斧神工治愈了他，是山水春色陪他走出忧愁与孤寂，现在，他却来不及赋诗几首，令它们名扬天下。

大约是见不得东坡慨叹，便连海龙王也来为他助力。海龙王将寒气来临时本已躲藏起来的鱼龙唤醒，为他幻化出"重楼翠阜出霜晓"的云海盛景。

可惊过、叹过之后，东坡不免想起从前所遭受的种种坎坷，不也像这海市蜃楼一般，来过了，又去了吗？而如今，苦尽甘来，又是另一番情景。人生嘛，便是如此起起伏伏，才不枉来人世走一遭。

"相与变灭随东风。"不以物喜，不以己悲，既来之，则安之。毕竟，机会是可遇不可求的。

元丰八年（1085）的深秋，霜气渐浓。东坡一家到达了京师，暂住在租来的房子里。这时候，他还不知道自己将要经历人生中的又一番跌宕起伏。而这份惊心动魄，也必将成为东坡一生中最辉煌的经历。

满天霜华中，东坡穿上本该在五年前就换上的绯色官袍，系上金腰带，佩挂上银鱼袋，走过繁华的马行街，穿过东华门，走进威严的皇宫大院，重新回到朝廷政治中心。

站在时局的风口上再扬帆，他抖搂出曾经放下的梦想，继续前行。只是有时候，扶摇直上的速度太快，也会叫人不知所措。

进京后，东坡仅做了十五天的礼部郎中，就被晋升为起居舍人。

从接到起居舍人的诏令后，他就不断地上书："非高材重德雅望，不在此选。"朝中同僚比我有德有才的人多得是，此位应由能者居之，我恐怕担不起圣上如此荣宠。"非独以学问荒唐，文词鄙浅，已试无效，如前所陈。实以劳旧尚多，必有积薪之俏；兄弟并进，岂无连如之嫌？"

他将时任宰相蔡确堵住辞任。蔡确想起神宗尚在时，曾提议让东坡修国史，可新派容不下旧派党臣，进取的神宗只能换曾巩来替代。于是他淡声道："没有比你更合适的了，你蹉跎了这么多年，也是时候往前走一走了。"

"如何没有？"东坡自谦道，"比我年长的林希林大人的才学不在我之下，而且他经验丰富，实在比我更合适啊。"

蔡确不让他装傻，一句反问让东坡哑口无言："你真觉得他比你更合适吗？"

东坡能怎么办？只能一边说着感恩的话，一边硬着头皮往上冲。在任三个多月后，东坡再被升为中书舍人，直到最后任职翰林学士、知制诰——不仅负责起草文书，还摇身一变，成了在崇政殿里，为皇帝传道授业的帝师。

"翰墨之林，号称内相"，这是将他视作宰相在培养了。东坡心中十分惶恐。好在他文笔卓绝，起拟诏书对他来说并不算难事。

伴随着平步青云而来的，除了惶恐，还有身份巨变带来的荣耀。从前他穷困潦倒，最落魄时甚至连买一间草屋的钱都掏不出来，只能挤在别人施舍来的破屋里；如今过上了以前想都不敢想的生活——住在高官权贵聚集的皇城里，结交的是从前想结交却交不到的高官贵人，就连从前视他如蛇虫避之唯恐不及的人，如今，又都犹蚂蚁寻穴般纷纷涌进了他的学士府。

每日四更，他都会穿着紫袍，骑着太皇太后赐的金鞍白马，优哉游哉地穿过东华门，将一帮疾步的同僚远远地撂在身后。然后，在五更三刻前，下马而行，站在大殿里，听着殿头官拉高了嗓子，喊出那句例行公事的"有事出班早奏，无事卷帘退朝"。

有事时，一帮朝臣旋即展开激烈的辩论，一个个引经据典、直言不讳。反正说错了，说得不对，还有仁慈的祖宗家法——"不得杀士大夫及上书言事人"及"子孙有渝此誓者，天必殛之"——能庇护他们不被打、不被骂，更不会因惹恼了太皇太后或皇帝而丢了性命。

意见相左时，吵得脸红脖子粗，恨不得互骂对方先祖，可是，等下了朝，在回家的路上，依然能勾着肩，搭着背，说着当朝新事，聊着民间见闻……

等到下了朝回到家，东坡换了便服，便会带着全家老小逛街市。东华门外的马行街和御街是京师最繁华的商业街。酒肆、茶楼、饭馆、珠宝铺子、服装店……鳞次栉比。每天五更时分，当附近的相国寺敲响木鱼或者铁牌子时，他便开始广招宾朋，直到半夜三更。

东坡在美食上也得到了满足，鱼虾鳖蟹、鹑兔脯腊……八街九陌的汴京城，只有想不到的，没有见不到的。东坡最爱的，还是夜里的热闹灯火。王楼前的獾子肉、梅家的鹅鸭兔肉、朱雀门附近的羊白肠，还有曲院街上遇仙楼里最出名的玉液酒、会仙楼的奢华排场……

约三两好友相聚，好不惬意。会仙楼的排场是出了名的，即使两人对饮小酌，也很有庄重感——温酒的注碗一套，盘盏两套，五盘子果菜以及水菜碗三五个。

这是东坡从未享受过的盛景。

若是从前的东坡，恐怕也难免会陷入奢靡的灯红酒绿里出不来。可是，历经过磨难的人，大抵内心深处都烙印着最为朴素的清醒。他逛"鹩儿市"，轻揽香肩，是应酬；他养家妓，听丝竹之声，赏婀娜柳腰，是社交。转过身，送走了客人，大门一关，他学着阮籍白眼一翻："呸，俗不可耐。"

翻完了白眼，改日宴请志同道合的朋友时，摆上小酒、几碟点心水果，聊聊八卦、谈谈心，想起不厌其烦的应酬，还不忘叮嘱几句："诸位君子雅客，苏轼奉劝大家还是少沾些犬马声色，养性修身才是正道啊。"

这话要特别讲给秦观听。

此时，秦观已经进士及第，刚从蔡州调回京城，任职秘书省编辑，兼国史院编修官。秦观擅写情爱男女之诗文，本质花心，与许多青楼女子缠绵悱恻，与她们赠词留情。他祖籍扬州高邮，十五岁时父亲去世，与母亲相依为命，成年后，娶了本地富商的女儿，但却没有为自己和妻子的感情谱写过一首美丽的诗文，对妻子的记载只有一句"潭州宁乡主簿徐成甫的大女儿徐文美"，待遇甚至都比不上那些与他只有露水情缘的营妓。

他曾为在蔡州任职时认识的营妓娄琬作了一首《水龙吟·小楼连苑横空》，祭奠他们浓烈而短暂的露水姻缘——

小楼连苑横空，下窥绣毂雕鞍骤。朱帘半卷，单衣初试，清明时候。破暖轻风，弄晴微雨，欲无还有。卖花声过尽，斜阳院落；红成阵，飞鸳鸯。

玉佩丁东别后。怅佳期、参差难又。名缰利锁，天还知道，和天也瘦。花下重门，柳边深巷，不堪回首。念多情、但有当时皓月，向人依旧。

如果仅止于此的话，在那纸醉金迷的时代，也只能算是才子风流。可他在东坡的酒宴上，在饱览了师娘——王朝云的风姿后，又出言轻薄，直言见其惊为天人，还专门作了一首《南歌子·霭霭凝春态》来赞美。

霭霭凝春态，溶溶媚晓光。何期容易下巫阳？只恐使君前世、是襄王。

暂为清歌驻，还因暮雨忙。瞥然归去断人肠。空使兰台公子、赋高唐。

其花心本质暴露无遗。钱锺书曾说他的诗里都是"公然走私的爱情"。后来，他还在蔡州的街头，捡到了十三岁的小边姑娘，经过六年的相处，他不仅为她改名取字"朝华"，还特意选在七夕佳节娶她为妾，在揭开红盖头的那一刻，他忍不住心中的激荡，写下赞美："天风吹月入栏干，乌鹊无声子夜阑。织女明星来枕上，了知身不在人间。"

但多情的秦观，验证了那句"男人的爱，来时浓烈，去时也快"。前脚才将小边比作天上的织女，不忍亵渎，转头就为营妓陶心子写《南歌子·玉漏迢迢尽》，"水边灯火渐人行，天外一钩残月带三星"，暗戳戳地秀恩爱；为越地歌妓写《满庭芳·山抹微云》，一句"山抹微云，天草连衰"，让此词成为他最杰出的代表作，而"销魂。当此际，香囊暗解，罗带轻分"，则被东坡视为低俗、有伤风化之句，还为此取笑秦观："以后就叫你山抹微云君吧。"

师兄黄庭坚看了此词后也对秦观颇有不满，写了封信劝诫他："才难不易得，志大略细谨。"

秦观为此甚不服气。

第二十一章

师友之情

黄庭坚是个至孝之人。

在《二十四孝》中，"涤亲溺哭"讲的就是黄庭坚的孝顺事迹。因为母亲讨厌恭桶的臭味，他便每日亲自为母亲涮洗恭桶，且从不假手于人，哪怕他后来做了大官，依旧亲力亲为。

黄庭坚还是个少年天才。在浩瀚历史中，七岁能作诗的除了家喻户晓的骆宾王，还有黄庭坚。

黄家是书香世家，黄庭坚的爷爷有兄弟十三人，其中进士及第者有十人。黄父在二十三岁时便取得了功名。黄家可谓是世代簪缨之家。因此，黄庭坚从出生那一刻起，就被寄予了深切的期望。父亲黄庶为他取名"庭坚"，亦是借用了上古时才德之士的名字，其意自然是希望他能成为文学大家名扬天下。

而良好的家庭教育环境，也为他的成才铺就了康庄大道。不过，事物总有两面性，许是过早经历了长辈言传身教的熏陶，黄庭坚在本该天真烂漫的年纪，却偏偏少年老成。他以一首看透世事名利本质的《牧童诗》，在年少时，便留名于史书。

骑牛远远过前村，短笛横吹隔陇闻。

多少长安名利客，机关用尽不如君。

可惜黄庭坚十四岁时，黄家的顶梁柱黄庶去世了，黄庭坚与母亲只能投奔舅舅李常。好在李常为人热情磊落，也一直惜慕外甥的才华，由此对他另眼相看，多有照拂。李常曾把秦观推荐给东坡，对自家外甥的前途更是尽心尽力。

所以，在老丈人孙觉和舅舅李常的牵线搭桥下，黄庭坚和东坡早已通过笔端纸间的切磋建立起了联系，而今东坡进了汴梁城，两人终于能够面对面进行交流了。

在曾经往来的书信里，黄庭坚知晓了东坡有收藏石砚的爱好，所以，当他在黄州看到朋友的一方龙尾子石砚时，便不惜以自己如赤蛇一般的铜剑进行交换。而在探望东坡的这一天，黄庭坚就将这块"洗之砺，发金铁，琢而泓，坚密泽"的上等石砚作为见面礼，赠予东坡。

这份见面礼，当然很合东坡的心意。

从前，两人的交谈止于笔端，对彼此的性格人品，了解并不深厚。而今在朝夕相处间，东坡发现自己的这个崇拜者诙谐幽默，里藏傲性，而且与他兴趣相投，是个难得的志同道合之人。

东坡爱好书法，黄庭坚亦是。黄庭坚自认是大宋第一草书大家，并放言道："旭素之后，两百年无草书，至我手中，草书大兴。"当然，他有骄傲的资本，毕竟千年后，他的《砥柱铭》，以四亿多元的天价被拍卖，创了中国艺术品拍卖历史新高。

不过，文人名士间尤其都是书法大家的两人，自然是互相不服气的，谈笑间，互相出题考校对方的事总是有的。

有天，黄庭坚写了几幅草书，兴致勃勃地拿去给东坡鉴赏。原本是想听几句赞美，几句夸耀，不料，东坡夸人的文采一流，损人的功夫也是了得。

只见东坡仔仔细细、认认真真地检阅完后，叹了口气，高深莫测道："鲁直，你见过树梢挂蛇是什么样子的吗？"黄庭坚一愣，东坡接着说，"最近你写的字，虽然清俊有余，但笔势太瘦，可不就像那蛇挂在树梢上的模样吗？"

黄庭坚听到东坡的调侃后也不恼，反而意有所指道："老师可知道什么叫石压蛤蟆？"不等东坡反应，他眼角含笑解释，"老师的字，学生不敢妄加评论，但我怎么看都觉得，您的字过于扁肥圆了，像是被石头镇压的癫蛤蟆。"

电光石火间，两人对视一眼，都从对方的眼中看到了调皮的底色，不禁放声大笑。

在"苏门四学士"中，东坡和黄庭坚年岁最为相近，又脾气相投，一个从容，一个坦然，自然惺惺相惜，互相引为知己。

在松树下，在江岸边，经常能看到他们相携的身影，再走近些，便能听到他们兴起而作的诗句。

他们在松下下棋，看到掉落在棋盘上的松子，苏轼脱口而出："松下围棋，松子每随棋子落。"

黄庭坚抬头，看到不远处的小河边有人在柳荫下静坐垂钓，随即唱和："柳边垂钓，柳丝常伴钓丝悬。"

散步江边，见晚霞落进江心，黄庭坚说："晚霞映水，渔人争唱满江红。"

东坡从村庄私塾的朗读声中获得灵感，对道："朔雪飞空，农夫齐歌普天乐。"

东坡爱才，不吝点评，又怕伤了年轻人的自尊心，所以在一次帮晁补之的堂弟点评文章后，特意给黄庭坚写信，让黄庭坚以朋友的身份多安慰他、鼓励他。

由此可见，东坡饱受怀才不遇的苦楚，时常不忍后生才华埋没。若说东坡对秦观的赏识里藏着一份怜惜，那么便也是这份怜惜，将快要走上歧路的李方叔拉回了正道。

李方叔六岁就成了孤儿，常常衣不蔽体，食不饱腹，饱受贫困之苦，甚至母亲、姨妈等至亲去世时，他连丧葬费都掏不出来。

如果没有继承父亲的才学，李方叔或许能够坦然接受命运给予的穷困。但书籍让他看到了更广阔的世界，他越是勤奋好学，越是迫切地渴望被发现，被重用，从此成为人上人。

或许是穷怕了，这种渴望变成了执念，让他变得急功近利。他离开家乡，去外面闯荡，到处打听名人学士，希望自己的文章能够一鸣惊人，但现实却给了他响亮的巴掌。

李方叔也曾相信可以与命运抗争，"生不用封万户侯"，最后为了功名，却连自尊也抛弃了。他学人家提着昂贵的礼品，从后门偷偷地潜进"伯乐"家中，低眉顺眼，伏小做低，"但愿一识韩荆州"，却被人连诗文带礼品一块儿扔了出去。

东坡实在看不下去了，决定提携提携这个后辈。

他说"君子之知人，务相勉于道，不务相引于利也"，引导他不要误入歧途。他又说"你最近所作的《李氏墓表》和《子骏行状》比之前写的《兵鉴》强了很多，'笔墨澜翻，有飞沙走石之势'"，鼓励他努力提升自身能力。他还说"足下但信道自守，当不求自至。若不深自重，空丧失所有"，只要重于深挖自身能力，一切皆会水到渠成，让他脚踏实地，不惧挫折，并告诉他，自己相信他并非池中之物，也相信他定能飞黄腾达！

成长的路上，从未有人如此关心过自己。李方叔捧着满纸的训导和期望，不禁潸然泪下。就这样，在东坡的鼓舞下，李方叔脚踏实地专心读书做学问，实实在在做人，勤修品德，终于在元祐三年（1088）鼓足勇气，走进了由东坡主试的考场。

所有人都以为他将从此平步青云，毕竟，他是东坡口中的"万人敌"。东坡曾夸过秦观"长于议论，文丽而思深"，又说过李方叔是"张耒、秦观之流也"。但放榜后，被东坡夸奖"万人敌"的李方叔却没有在榜单上查到自己的姓名。他心中郁结难消，心灰意冷之下，竟再也没有考取功名，以求飞黄腾达的心思了。

东坡其实也是真的想帮一帮这个年轻人，但没承想弄巧成拙了——当年的考官欧阳修，为了避嫌，将错认为是自己门生的东坡的状元之文排在第二位；可这次，藏有私心的东坡和仰慕他的黄庭坚，将章惇的儿子——章援的应试作文，错认为"苏门六君子"之一的李方叔之文而一通盛赞，并将它定为当年的状元之文。

李方叔落榜后，东坡怕他心里不好受，专程前往探望，彻夜与他谈心。在李方叔决意要回乡时，又把一匹白马送给了他。

那匹马是元祐四年（1089）春天，东坡因无法忍受诡谲的人事关系，自请离开京城，调任杭州时，太皇太后赏给他的。东坡将这匹马送给了李方叔，并且为了维护他的自尊心，借口道："我有一匹马就够了，多出来的这一匹正好可以作为你的代步工具。"他还将这匹马的来龙去脉写成一封说明书，盖好章，笑说，"还能卖个大价钱。"

黄庭坚见此也跑来凑热闹，手写一幅水墨绢本，洋洋洒洒百八十余字，只为化解李方叔心中残留的尴尬。

　　比起这几个人，"苏门四学士"中的晁补之是最听老师话的乖学生。但东坡教得了他作文章，却终究教不了他修炼内心。他终究也做不到像东坡那样，在历经挫折后参透人生的得失与成败，完成由消沉到豁达的转变。

　　他第一次会试落榜时，曾写信向东坡埋怨："我才不及古，叹息襟泪满。"字里行间充满了消极倦怠之意。他二十七岁高中进士，作为当朝状元，满腹的政治抱负才行至一半，却因陷入名利的泥潭，被贬到南方监酒税，再无返回朝廷的可能。

　　他望着再也回不去的繁华京都，辗转反侧，彻夜难眠。一边唾弃自己不该太执着于名利场，一边又不愿就此归寂，只好怨天尤人："怪竹枝歌，声声怨，为谁苦。猿鸟一时啼，惊岛屿。"

　　反观"苏门四学士"中与晁补之关系最为密切的张耒，在遭到同样的风浪时，却比晁补之更豁达，颇有老师东坡的豪迈风范。

第二十二章

梦华东京

张耒从小成长于正统封建诗礼教育的氛围中，是一本正经的学院派。成年后，张耒游学于陈州，彼时，苏辙正好在该地担任教研之职，命运安排张耒与东坡在苏辙家中相遇，并让东坡见识到了他的才情，对他多有指导。

东坡曾夸赞张耒："文潜容衍靖深，独若不得已于书者。"还特地写了封推荐信，让他去姑苏参加省试选拔。张耒也十分争气，在省试中脱颖而出，而后更是一路过关斩将，在会试中高中进士，得到了王安石的提拔。

为官后张耒辗转各地任职，纵使俸禄微薄，依旧保持清廉刚正。只是命运残酷，他挨完了"劳其筋骨，饿其体肤，空乏其身"之苦后，命运仍是不放过他，还要夺走他的至亲、挚爱，将他的心踩进泥里，将他的自尊化进尘埃里。

他的人生经历像极了他敬仰的老师东坡，幸而他也一并学会了以豪放旷达的心态来面对逆境。纵使身处黑暗，仍能完成从"少年读诗书，意与屈贾争。口谈霸王略，锐气虹霓横"到"顾义自守，泊如也"的自我救赎；也似是达到了东坡之"一蓑烟雨任平生"的境界——被贬到黄州的柯山脚下后，他效仿东坡以地名为号，为自己取号"柯山"。晚年虽穷困潦倒，却满不在乎，哪怕患上痛风的毛病，也全然不忌口，想方设法地弄来螃蟹一解嘴馋——剔出蟹肉，装满杯中，囫囵吞下。

陈师道也出自苏轼门下，是"苏门六君子"之一。但他童年困苦，早年做了京中赘婿，性格倔强自尊心又强，终其一生为此所困。

陈师道的诗文虽不如大家文士通达爽练，但也颇有自己的一派风格。曾巩就很欣赏他的才华，但他却因为瞧不上王安石以经文取士的做法，而拒绝参加考试。没有功名傍身，也导致他在事业上受限——曾巩奉命修本朝史时，曾力荐陈师道，但陈师道却因布衣身份而没能向上走。

后来，陈师道对黄庭坚的诗文一见钟情，又自觉文作比不上黄庭坚，竟一把火将自己的文稿烧成了灰烬。后来虽说严于律己，但一味模仿杜甫，过于追求"无一字无来处"，也叫他失去了自己的独特风格。

再后来，新旧两派的矛盾日益激化，陈师道恰巧在那期间去皇家祠堂守灵。深夜风寒雾重，陈师道衣着单薄，妻子向胞妹借来妹婿赵挺之的棉衣为他御寒，他却因为赵挺之是王安石变法的拥护者而拒绝穿戴他的东西，结果冻死在了寒夜里。

也许陈师道确实有文人风骨，但就这么死了却很不值，更何况他死后并未给家中妻儿留下足够的田产，就连买棺入土还要靠朝廷接济，可想而知，陈家以后的生活会多么艰难。

除了"苏门六君子"，驸马王诜也与东坡来往甚密。

王诜身为驸马，酷爱作画，更喜画山水，其仰慕者众多，公主亦对他死心塌地。东坡遭受牢狱之灾时，王诜多方斡旋，从中打探消息，帮了东坡不少忙。但他也因通风报信，遭到连累被贬，眼看要被发配，是公主用自己的性命才换回了他的荣华富贵。

这么看来，王诜生活在那个多变的时代称得上幸福美满，但他偏偏不满足于此。在公主过世后，乳母告发王诜薄情寡义：他当着公主的面，与小妾打情骂俏，还纵容小妾以下犯上，欺辱公主。王诜先被罚入狱，后被贬去均州，八名小妾也全被婚配给了兵卒们。

等到东坡东山再起的时候，王诜也时来运转，恢复了驸马都尉的官职。他住在安远门外的永宁坊，那里有着数不尽的繁华盛景，包括后来成为他与朋友们的聚集地——西园。

在王诜的西园雅集中，名士云集，这一点，可从李公麟的《西园雅集图》中窥得一二，其中：

著乌帽黄道服捉笔而书者，为东坡先生；仙桃巾紫裘而坐观者，为王晋卿；幅巾青衣，据方几而凝伫者，为丹阳蔡天启；捉椅而视者，为李端叔；后有女奴，云鬟翠饰，侍立自然，富贵风韵，乃晋卿之家姬也。孤松盘郁，上有凌霄缠络，红绿相间。下有大石案，陈设古器瑶琴，芭蕉围绕。坐于石盘旁，道帽紫衣，右手倚石，左手执卷而观书者，为苏子由。团巾簡衣，手秉蕉箑而熟视者，为黄鲁直。幅巾野褐，据横卷画渊明归去来者，为李伯时。

披巾青服，抚肩而立者，为晁无咎。跪而捉石观画者，为张文潜。道巾素衣，按膝而俯视者，为郑靖老。后有童子执灵寿杖而立。二人坐于盘根古桧下，幅巾青衣，袖手侧听者，为秦少游。琴尾冠紫道服摘阮者，为陈碧虚。唐巾深衣，昂首而题石，为米元章。幅巾袖手而仰观者，为王仲至。前有髯头顽童捧古砚而立，后有锦石桥、竹径，缭绕于清溪深处，翠阴茂密。

中有袈裟坐蒲团而说无生论者，为圆通大师。旁有幅巾褐衣而谛听者，为刘巨济。二人并坐于怪石之上，下有激湍漂流于大溪之中，水石潺湲，风竹相吞，炉烟方袅，草木自馨，人间清旷之乐，不过于此。嗟呼！汹涌于名利之域而不知退者，岂易得此耶！

自东坡而下，凡十有六人，以文章议论，博学辨识，英辞妙墨，好古多闻，雄豪绝俗之资，高僧羽流之杰，卓然高致，名动四夷，后之览者，不独图画之可观，亦足仿佛其人耳！

宦海归来，从前的盛景仍能再现。昔日的好友再见面，自然有说不完的话，诉不完的苦，聊不完的奇闻轶事，比不完的诗画文章……这些，都证明他们的友情从未褪色。

其实，不用为物质而累的自在，是人人都憧憬的美好。再从容、恬淡的人，站到云端后，也不愿意回归平庸。纵使身后有因立场不同而虎视眈眈的政敌，可风平浪静的时候，仍会享受、贪恋这得来不易的非凡热闹。

就如东坡，原本应是幞巾裹头——沈括笔下记载："幞头，一谓之四角，乃四带也。二带系脑后垂之，二带反系头上，令曲折附顶，故亦谓之折上巾。"——而东坡推陈出新，把帽顶拉高，将帽檐裁短，再用一层乌纱裹紧，像极了将一个高高立起的筒倒扣在头上。他就这样招摇过市。王朝云曾取笑东坡："大人又要去秀他满肚子的不合时宜了。"

东坡的设计让满大街的人或窃窃私语，或冷眼旁观，或热情追捧。事实证明，只要仰慕者众多，任何标新立异，都能成为引领时尚的先锋潮流。

但是像东坡这样名气太大的人，偶尔也要忍受佳作被人觊觎的"甜蜜苦恼"。

比如王诜在米芾家做客，看到了东坡赠予的《枯木竹石图》，嫉妒不已，遂厚着脸皮开口："东坡兄所作之诗画超凡入圣，可否借给我，让我也好好品鉴品鉴？两日后，定当归还！"

米芾拗不过王诜，拉不下面子拒绝，只能将真迹借给他鉴赏，再三嘱咐两日后一定要归还。谁料王诜拿到画后，专门建了座"宝绘堂",将它仔仔细细地收藏起来,却不再提还画儿的事,导致米芾每次见了他都愤愤不平,向他讨要被借走的名画,王诜索性无赖到底:"画作在我宝绘堂中十分安好,既然你我都钟爱此画,你也可以常去看看它。"

此事之后,王诜的名声算是彻底坏了——有次东坡打算重新抄录《黄泥坂词》,找不见原稿时,首先就怀疑是王诜私拿的。虽然最后找到了,但觊觎东坡这种名家大士原稿的可不只王诜。张耒帮着东坡抄录作品后,也曾"死皮赖脸"地带走了原稿。

这事被王诜得知后,他又想故技重施,以"借"之名骗得张耒手中的原稿。但有了米芾的前车之鉴,张耒怎会上当?

王诜气不过,写了封信向东坡控诉:"我如此倾慕你,到处搜罗你的作品,更不惜花大价钱买了你的两幅字收藏,结果你居然如此偏心,有了新的作品,也不留与我。"

东坡看完信后,忍不住大笑:"诗文作品而已,王诜竟如此斤斤计较。"说罢,却又开始研墨铺纸,将《黄泥坂词》再次誊抄了一遍,差人给王诜送了过去。

不过,笑过闹过后,东坡也曾义正词严地劝告他:"君子可以寓意于物,而不可以留意于物……凡物之可喜,足以悦人而不足以移人者,莫若书与画。然至其留意而不释,则其祸有不可胜言者……吾薄富贵而厚于书,轻死生而重于画，岂不颠倒错缪失其本心也哉？"

但王诜并没有听进去。后来，得知东坡在扬州偶然得了块石头，取名"仇池石"后，他又想方设法要"借"走。

与旧友相聚的同时，东坡当然也少不了认识新的朋友——钱穆父便是其中一个。

钱穆父或许没有苏门四学士、六君子和驸马那么出名，但却与东坡结下了深厚的友谊。两人都是快人快语、不畏强权、敢言正直的豪杰，很快便因志同道合，而成为可以一起高谈阔论、出游作文的莫逆之交。只不过，元祐三年（1088）的冬天，钱穆父被虎视眈眈的言官抓到了把柄，无奈离开了京城。

三年后两人又在杭州相遇，他们相似的遭遇，深厚的友情，也让东坡写出了那句安慰了世间无数困苦迷茫之人的千古之哲理名言——"人生如逆旅，我亦是行人。"

第二十三章

爱憎分明

如果说"口无遮拦"是东坡为数不多的缺点，那么，刚正无畏就是他为这个缺点所做的注脚。

东坡文采斐然，却不懂得含明隐迹，下笔时，将"敢言"二字发挥得淋漓尽致。

他批判护河不利的范子渊："汝以有限之财，兴必不可成之役；驱无辜之民，置之必死之地。"朝廷拨付钱款于你，调派人员于你，让你修建河堤，结果你钱款用完，河道也没挖通，更因此事害死了许多无辜之人，事毕你自个儿却面色红润膘肥体健，朝廷要你何用！"横费之财，犹可以力补，而既死之民，不可以复生。"东坡气愤至极，遂发配范子渊去峡州面壁思过。

与东坡曾同在凤翔为官，还一起喝过酒吟过诗的张璪，后来为了官职地位，竟不择手段谄媚吕惠卿，更在乌台诗案时，不顾同僚之情，欲将苏轼置于死地。因而他愤恨怒骂，"天资邪佞"，"易以为奸"，"宜断自圣心，以时除去"。奸臣当道，必将其清理！

他也曾与弟弟联手，对吕惠卿口诛笔伐："无耻小人，背信弃义！你就是那祸国殃民的奸臣！"将吕惠卿比作张汤与卢杞，"斗筲之才，穿窬之智"。东坡一边痛斥吕惠卿的为人，一边细数他的罪状：当年吕惠卿投靠王安石，曾深得王相赏识，在王相眼里是多少前朝大儒都比不过的贤士，可吕惠卿却辜负背叛了厚待他的王相，枉王相将其当作心腹大儒。为了权力地位背叛于他，可谓是忘恩负义！简直有辱文人之风骨。

吕惠卿是个激进的政治改革家。他因一身才学被欧阳修看重，由此被推荐而步入朝堂为官入仕。但在新旧党争时，却转投改革派，将矛头对准了昔日的恩师好友，成为王安石手中的一把利剑。施行青苗法期间，为了得到王安石的青睐，他积极与政敌司马光进行舌战。

司马光引《尚书》中的话"无作聪明乱旧章"来提醒神宗，说武王"乃反商政，政由旧"。武王伐纣，周代商行，而周朝之所以延续了八百年屹立不倒，就是因为继续沿用了商朝的制度；相反，锐意改革的汉元帝，不仅没能壮大国力，反而将祖宗基业搅得天翻地覆。由此，当朝也应效仿前朝经验，安稳守好国土即可，切不可行伤筋动骨之事。

几天后，吕惠卿趁着进讲的机会，驳斥司马光："司马大人此言差矣，谁说《尚书》推崇一成不变，固本守元就是天下正道了？《尚书》中明明有言，'正月始和，布法象魏'，'五载一巡狩'，这难道不是说前人也有一年一变、五年一变的法令制度？司马大人应与时俱进，认真研究《尚书》所言，而不是墨守成规，抱着祖宗家法不知变通呀！"

司马光反唇相讥，认为他的诡辩毫无根据："三司使掌天下财，不才而黜可也，不可使执政侵其事。今为制置三司条例司，何也？宰相以道佐人主，安用例？苟用例，则胥吏矣。今为看详中书条例司，何也？"

他一问三连，问得吕惠卿恼羞成怒，还得神宗出来调和："改革之事当就事论事，切勿出口伤人。"

此次辩论，司马光更胜一筹。可面对一个原本便不愿只守着那点祖宗基业苟且的有志之士，尤其是这人还是当今圣上的时候，守旧派的人无论如何劝，都是劝不动的。

大刀阔斧的改革总要用一个理由推行下去，至于中间或劝阻或反对的人，自然是容不得他们存在的。

于是，王安石沉郁着开口："司马光此人表里不一。他表面是为了天子着想，但若仔细想想，他句句不离百姓，明显是内怀结附百姓之心。而且，天子亦知，他坚决反对改革，若是现在任用他，恐怕会阻碍天子改革的步伐。"

王安石与吕惠卿的一唱一和，终于让保守派的司马光寒心而远离了朝堂。

有了天子的支持，改革派的队伍日益壮大。作为改革派坚定拥护者的吕惠卿，自然也跟着王安石平步青云。他俩时常一起探讨新政法令，王安石事无大小，都要参考他的意见，俨然将他当作了接班人，培养他着手撰写变法的奏章，甚至在心灰意冷、离开朝堂后，还推举他为副宰相。

　　吕惠卿若是真心改革也就罢了，但他只是为了满足对权力地位的欲望，利用变法之途来行自己上位之实。

　　同一党派的曾布，曾为了推行新法与兄弟断交，但因质疑市易法并非良政，就被他逐出了京师。

　　不只如此，吕惠卿还大力推行手实法——"官为定立田产中价，使民各以田亩多少高下，随价自占。以其价列定高下，分为五等。"但新法空有百姓随自愿得田的愿景，而无公平公正实施的根本，造成官场腐败，弄得百姓怨声载道，更加民不聊生。

　　这时候，郑侠画了两幅图送给吕惠卿，希望他能够明白此举的不妥之处，并拯救黎民百姓于水火。但是，吕惠卿不是王安石，不仅没有认识到自己的错误，反而利用郑侠，一石三鸟，还打倒了王安国和冯京。

　　为了独揽大权，吕惠卿架空宰相韩绛；为了奢靡度日，他疯狂敛财，勒索华亭商人五百万缗；为了保住地位，甚至还诬陷王安石谋反……

　　但善恶终有果，王安石的复相归来，彻底敲碎了吕惠卿那欲壑难填的野心。

　　东坡爱憎分明，作了一篇责词："始与知己，共为欺君……奸赃狼藉，横被江东……假我号令，成汝诈谋。不图涣汗之文，止为款贼之具。迷国不道，从古罕闻。尚宽两观之诛，薄示三危之窜。"

此后，吕惠卿被贬到建州堪洞采矿去了，新派党人亦被清算，所剩无几。

王安石走后，司马光继续当政。原就反对改革的他一上任就废除了王安石的一系列变法举措：保甲法，方田法，保马法，以及他曾经在经筵殿里与吕惠卿唇枪舌剑、据理力争的青苗法。复法虽快，却造成了财政赤字，一时间难以解决。幸好，后有名臣范纯仁，趁着司马光生病时重立了青苗法而稍微缓解了朝廷的窘境。

当时，蔡确和章惇还在朝任职。但他们一旦做出抗争，就会遭到众人围攻。

太皇太后久居后宫，所知民意有限。与从前新派一党有神宗撑腰一般，如今守旧派也得到垂帘听政的太皇太后的保驾护航。

司马光上奏免役法的五大害处，力求废除，希望恢复从前的差役法。章惇作为朝廷老臣，本该沉着冷静，喜怒不形于色，可他性格乖张，不是忍气吞声之辈，于是不顾颜面地嘶吼："他日安能奉陪吃剑！"

太皇太后大怒。当不理智占据了上风，章惇的声嘶力竭沦为了笑柄，此后便再也无法鼓起勇气对抗了。

这一幕被蔡确看在眼里。一个睿智、冷静的政客，自然懂得大势已去，该急流勇退的道理，但他难免心中苦闷郁结，于是作了一首游车盖亭的诗抒发情感，没想到却被有心人曲解成对政权的讽刺，导致被贬到荒蛮的岭南之地。走时只有一个叫琵琶的侍妾相随，只可惜红颜薄命，她很快在瘟疫的侵袭中香消玉殒，不久后，蔡确也郁郁而终了。

至此，新派党人被清算得差不多了，而朝不可无相，空缺的相位自然落到了司马光头上。

"乌台诗案"时，章惇曾不顾自身安全，替东坡出过头，但在这场朝政党派的争斗中，东坡却让章惇失望了。

当章惇被人攻击说是"嫉妒陛下让司马大人当了宰相，自己落选，才怒火中烧的"时，东坡也只是出来劝解他，说着"要尊重司马大人，要和平共处"的客套话。

如果说苏辙的《乞罢章惇知枢密院状》将章惇推到了悬崖边，那么东坡的沉默则令他心寒，而《缴进沈起词头状》中的言词，"臣伏见熙宁以来，王安石用事，始求边功，构隙四夷。王韶以熙河进，章惇以五溪用，熊本以泸夷奋，沈起、刘彝闻而效之，结怨交蛮，兵连祸结，死者数十万人"，更是将他推进了深渊。

由于东坡从未向他解释过自己的沉默和不帮忙，于是章惇心中的恨意滋生，并越滚越大，成了导致东坡晚年颠沛的导火索之一，当然，这都是后话了。此时的东坡，对此毫无所觉。他此刻还在弯着腰，兢兢业业地跟着司马光于朝中主事。

一天，在偏殿中，太皇太后突然问东坡："你可记得之前在什么地方任职为官吗？"

东坡回答："臣蒙先帝恩赦，担任常州团练副使。"

太皇太后又问："那你可知你现如今担任的是什么职务？"

东坡若有所思，他顿了顿，谨慎地答："微臣现下担任翰林学士一职。"

太皇太后抬了抬眼皮："你知道你为何晋升得如此之快吗？"

"自然是太皇太后和陛下的荣恩了。"东坡暗暗松了口气。

"不。"太皇太后高深莫测地否定了东坡的答案，"不是我，亦不是陛下。"

东坡再一次糊涂了，脑海里闪过许多人影，不确定地问："是哪位前辈的推荐吗？"

太皇太后摇头不语。

东坡顿时惶恐不已，指天发誓道："臣虽无状，不敢自他途以进。"

"爱卿不必惶恐，先帝仁宗曾说你有宰相之才，"太皇太后说着，便黯然落泪，"你今日的一切全都是我儿的遗愿。从前，他就欣赏你的才学，吃饭时也要看着你的文章入味，每每读完，都要夸赞一番，他曾几次想提拔你。"

太皇太后轻声呓语："只可惜，没能来得及。"

原来神宗真的没有放弃他。

　　东坡瞬间红了双眼，回忆起那个积极进取、怀抱伟大理想的自己，几经波折，内心苦楚，都在这一刻释然了。

　　从偏殿里出来，唇齿间还遗留着代表肯定的贡茶的滋味，东坡心中的热情更加高涨。

　　东坡本就爱憎分明。他那一颗为国为民的赤子之心，让他不屑于也学不会八面玲珑；而他也不是为了否定而否定的行事风格。亲自捕过虫、挖过渠、种过地、缴过税的他清楚，当初变法的王安石也并不全是错的，"按户征税顾役"的免役法确实是比差役法更加利民的政策。眼下又知道了神宗对他的赏识，那么"在其位，谋其政"，东坡也必须做点事情了。

第二十四章

元祐党争

只要愿意，就还来得及。

过去，他是一介罪臣，乡野村夫，闲散居士，没有可以报答知遇之恩的能力；现今，他是翰林学士，位高权重，想要做点事情，也是可以去做的。

他找到司马光，动之以情，晓之以理："差役法、免役法，各有其利弊。免役法会导致钱财聚敛到有权势的上层，而使下层百姓有钱荒的灾患；差役法的害处，则是让百姓常为官府服役，不能专心于农业，另会有贪官污吏利用职务之便从中徇私舞弊。治国理政，应取其精华去其糟粕，不应该盲目全部废除新法而恢复旧法。"

司马光问："那你有解决之道吗？"

东坡来了兴致，侃侃而谈："沿袭法制，事情就容易成功，遇事循序渐进，百姓就不会惊慌失措。三代的法令，兵农合一，到秦代开始一分为二，到唐代中叶，又把所有的府兵变为长期征战的兵卒。从那以后，百姓不懂军事，士兵不懂农事，农民拿出粮食丝帛来养活士兵，士兵拼命来保护农民，天下人以为好。即使圣人再来，也不能改变。现在的免役法，和兵农之分有异曲同工之处。而要马上取消免役法实行差役法，正如取消长期征战的军队而恢复军民合一，这事应该循序渐进，徐徐图之。想很快地全盘废除新法再复旧法，行动太快，谁办得到？"

但司马光对他的说法不以为然，两人不欢而散。被无视的东坡满肚子怨气，回府后便写文倾诉心中不满："人人都夸司马大人小时候就有砸瓮的胆气，是个有远见卓识敢想敢做的厉害人物，没想到年纪大了反而如此固执己见，只看眼前，不顾长远！"

在璀璨的诗文世界中，东坡无疑是最亮眼的存在，但在波谲云诡的政治舞台上，他的表现就显得很稚嫩了。

东坡不懂得官场上的弯弯绕绕，他只懂得认定了的东西，就一定要说与人听，说到人服。本着不达目的誓不罢休的精神，东坡一路追着司马光到了政事堂，颇有点死缠烂打的意味："大人，不知您可还记得，从前您告诉过我，韩魏公要给陕西义勇刺字的事情？那时候你做谏官，不同意他的做法，不管不顾地同他争执，惹得韩魏公很不高兴，您却丝毫不在乎，因为您知道您做的是正确的事情，您也相信韩魏公定会让您直抒己见。可是现如今您做了宰相，怎么就不许我畅所欲言了呢？"

事实证明，能够埋头十五年，苦心孤诣写出《资治通鉴》的人，不管是决心还是耐心都非同寻常，也必然有着常人无法企及的执拗。司马光非但没有听取东坡的意见，还废除了"免役法"，并雷厉风行，命令各地方在五天内必须恢复过去的"差役法"。

或许居高位者都需要有"坚定"的追随者，并肩作战也好，虚张声势也罢。从前，王安石变法，有吕惠卿唯他马首是瞻，而今，司马光也有开封府尹蔡京对他言听计从。司马光得意地指着蔡京夸赞："谁说这法令是行不通的？朝廷上下若是都能如蔡京一般少说话多做事，还有什么事情做不成呢！"

但司马光忘了蔡京也曾是新法的拥护者，如今新派势弱，他才摇身一变，成为旧法的拥趸。这样两面三刀前后不一的人，就连《宋史·奸臣传》上都留有他的名字，又怎么可能是真心为朝廷呢？

但现在的司马光，他需要的也许只是一个坚定的拥护者，至于其立场及出于什么本意而拥护他，他并不在意。

隔阂是消磨感情的利器。诚如王安石变法那般，如今司马光的扶持者——太皇太后——又一心想要恢复旧法，她未经历过百姓之苦，盲目地以为恢复了旧法后，就又能使百姓安居乐业。说司马光一意孤行也好，刚愎自用也罢，在一边倒的局势下，从众才是人的本性，而坚持己见的清醒者寥寥无几。

但恰巧，东坡是一个。所以，东坡注定又一次沦为了少数派，被排挤，被针对，被孤立。

而在被司马光提拔上来的众支持旧法的大臣——刘挚、

王岩叟等人眼里，锋芒毕露的东坡，无疑成为阻碍他们废除新法的绊脚石。

东坡在朝堂上被司马光的一众追随者攻击污蔑，而下朝后，教导皇帝时，还要遭受同为天子之师的程颐的冷眼。

程颐是由司马光一手提拔上来的。司马光退隐在洛阳编撰《资治通鉴》时，理学家程颐也正在洛阳讲学。年少时，他和哥哥一起师从理学创始人周敦颐。后来，又进入国子监就学，因一篇《颜子所好何学论》一夜成名。

古时考取功名是光耀门楣、飞黄腾达、取得非凡成就的主要出路，但程颐却在嘉祐四年（1059）的廷试上落榜了。此后他再也提不起兴趣去走科考的独木桥，而是回乡建了一所小小的学堂，开课授教，仿佛再无争强好胜之心。

但真才实学是不会被埋没的。程颐以广博的学问、明理修德的教育理念成了家喻户晓的名师，吸引了一大批学子，培养了一大批文化名人。久而久之，他更以其独特的风格，形成了独属于自己的"洛学"学派。

司马光一直很欣赏他的才华，以"力学好古，安贫守节，言必忠信，动遵礼法"的理由想提拔他，没想到却被一心钻研学问的程颐给拒绝了。直到元祐元年（1086），程颐才以皇帝老师的身份入仕，进入崇政殿说书，与东坡做了同事。

历史学家、思想家、教育家钱穆说："文学和理学不同。理学家讲的是人生哲理，但他们的真实人生，不能像文学家般显示得真切。理学家教人，好像是父亲兄长站在你旁边对你讲。"

所以，当严肃、言必称尧舜的理学宗师遇上随性、洒脱的文学大家，一场没有硝烟的纷争，就此拉开了序幕。

冯梦龙在《古今谭概》中写道："两程夫子赴一士夫宴，有妓侑觞。伊川拂衣起，明道尽欢而罢。次日，伊川过明道斋中，愠犹未解。明道曰：'昨日座中有妓，吾心中却无妓。今日斋中无妓，汝心中却有妓。'伊川自谓不及。"

程颐作为太子之师，他自认是正直的、高尚的学者，因而对东坡有些微词。东坡不拘小节，养着家妓花前月下，觥筹交错，谈笑间还取笑陈季常"家有母老虎，惧内"。这样不拘一格的秉性，早已让他忘记了因"乌台诗案"而在至暗时刻反复自省的经历，忘了那些为人之道，为官之道。

这年八月，司马光重病不愈去世了。他的丧事由程颐主持，而东坡及一众朝臣则在南郊明堂举行祭祀大典，安放神宗灵位。但是在大典结束之后，赶往司马家奔丧的东坡一行却被程颐堵在了门外。

程颐对司马光的儿子说："你父新丧，理应痛苦难行，痛哭流涕，怎可出门迎客？"转过头又对东坡一行人说，"子于是日哭，则不歌。"明堂祭祀是吉礼，才刚结束，怎么能立刻来行丧礼，这样丧吉相冲，有违古礼！

有人立刻抓住漏洞，回嘴道："孔子是说过哭则不歌，但没说过歌则不哭，你可别把顺序搞反了。"

至情至性的东坡也看不惯迂腐的程颐，反唇相讥："此乃鏖糟陂里叔孙通所制礼也。"

"你！"被取笑是脏乱之地的冒牌货，程颐很生气，奈何说不过牙尖嘴利的东坡，只能撂下狠话愤愤不平地离开。

两人从此便产生了嫌隙。

程颐看不惯东坡，自然也看不惯东坡的门生。一日，他在路上偶遇东坡的学生秦观，便直截了当地问他："听说你最近写了首词，说'天还知道，和天也瘦'？"

秦观还以为帝师程颐是欣赏自己的人，便连连点头。却不料程颐突然训诫道："老天的尊严，怎么能轻易拿来侮辱？真是太不像话了。"说完拂袖而去，徒留秦观满脸尴尬。

嫌隙就这样越来越大，他俩不和之事很快被皇帝察觉。皇帝也觉得程颐有些古板生硬，不及东坡有趣变通，由此对程颐露出了厌恶的情绪。

程颐和东坡实在是两类人。比如，东坡向皇帝讲授治乱兴衰、奸邪正直、朝政得失时，会以古通今，联系时政："比方说，现下的制度，嘉赏、处罚不够分明，善无鼓励，恶无抨击，就好比黄河水向北奔流，却偏要它向东流。西夏攻入镇戎军，屠杀几万人，统帅却不上报，长此以往，恐怕会埋下衰亡和动乱的种子。"少年老成的哲宗皇帝每每听完东坡的教导，总会受益良多，连连称赞。

但程颐授业却死板教条，一上课就摆出一副迂腐沉重的姿态，教导皇帝更是打骂无忌，完全不顾及皇家颜面。

一次，程颐撞见皇帝折柳把玩，他立即训斥皇帝："君子应重视涵养气质，熏陶德行和品行，现在才刚入春，柳枝娇嫩，你却无故折断了它，德行有缺！"自尊心强的皇帝冷冷地看了他一眼，扔掉了柳条。

这事很快传了出去，有人嚼舌根，说皇帝才十一岁，正是天真烂漫的年纪，折根柳条怎么了？又无伤大雅。程颐就不该去说教，反而应陪着皇帝沐浴春风。

另有一人接过话头说，程颐这块榆木疙瘩，指望他陪皇帝玩闹嬉戏，他不骂得你狗血淋头就不错了，你忘了在去年司马大人的葬礼上，一众大臣被他拦在门外的事儿了？

这件事被东坡等人听到了，也在私底下议论程老师是个不近人情的"迂腐老头儿"。

第二十五章

再起纷争

　　司马光以其威望及正当权的震慑力，将其心各异的拥护旧法的朝臣聚集起来，为废除新法恢复旧法这个共同的目标，一起打击王安石遗留下的新党人士。

　　但在拥护旧法队伍内部依旧存在着不同党派的力量，分别为以吕公著为首的朔党，以程颐为首的洛党，以及以东坡和苏辙为首的蜀党。各派之间，矛盾重重，但在推翻新法前，因为有着相同的目标，所以不管旧党内部各种矛盾如何严重，表面上都维持着平静，暂时达成了三足鼎立的局面。

　　在推崇孔子"为政以德"和墨子"兼相爱，交相利"的文人眼中，政治的本质，是对皇权抱以无限的忠诚，并坚持壮大国家、安定百姓的信念。

　　但在玩弄权术的政客眼里，政治的本质只是利益的权衡。

　　所以随着共同的目标被实现，新法被旧法顺利取代，司马光离世，旧党队伍人心涣散，各个党派之间失去了凝聚力，当直率刺眼的东坡屡屡疾言厉色地抨击他们怠惰严苛时，他们再也不愿忍气吞声了，纷纷露出了闪着寒光的獠牙。不久，第一场风暴就直直地冲着身居高位的东坡袭来。

　　在凡事该谨慎的政治环境里，东坡的快意直言只会留给别有用心之人可乘之机。元祐元年（1086）十一月，东坡在主持馆职的考试中，精心出了一道题为《师仁宗之忠厚，法神考之励精》的策问，旨在提醒士人应当吸取前车之鉴，保持警惕，将教训与经验转化成积极进取的工作态度。

但洛党的羽翼们立刻抓住了东坡的漏洞与错处，觐见皇帝时狠狠参了东坡一本："陛下，苏轼狂妄！竟然公然诬蔑先帝仁宗、神宗不如汉朝皇帝贤达明理，他这明摆着是对整个大宋不忠不敬啊！"

墙倒万人推，以往和东坡有过矛盾的朝臣立刻附和："苏轼此人表里不一，人前清正不阿，人后虚与委蛇，如此两面三刀，实不配为帝师，为朝臣！且其曾大骂程公顽固不化，犟直如牛，如此恶言之人，更无品德！臣今日奏请革去东坡帝师职，发配边疆，让其悔过自新！"

骤然被诬蔑至此，东坡自然反唇相讥，力求自证清白："我本意乃是抨击当下那些偷奸耍滑、迫害百姓的贪官污吏，和两位先帝并无关系，也并无对先帝不敬之意，况且论题自然得师出有名，为了增强说服力，引经据典又有何错？"

不巧东坡的眼疾在这时发作，让他饱受折磨。这是陈年旧病了，在黄州时，东坡的眼疾就复发过一次，那时候他闭门数月，结果却被人误会，以为他病故了，惹得朋友专门跑来吊唁。

现在，身体的疾病加上精神的煎熬，让东坡不由自主地思念起在黄州东坡上虽清苦却自在清明的日子，心中一次次生出退意。

他写道："手种堂前桃李，无限绿阴青子。帘外百舌儿，惊起五更春睡。居士，居士。莫忘小桥流水。"

好在太皇太后一直都是向着东坡的，自然不相信洛党的论调。东坡总算松了口气，从这次无端的指责中全身而退了。

洛党此举不仅没能扳倒东坡，反倒使自己损兵折将。就在他们总结失败教训的时候，蛰伏已久的朔党一派迅速出击，打击洛党。这些人个个身经百战，都是积攒了足够多而又实用的政治经验的，以"经筵陈说，僭横忘分。遍谒贵臣，历造台谏。腾口闲乱，以偿恩仇"，将洛党之首程颐推上了风口浪尖。

一向克己本分的程颐，此时才发现自己竟然如此招人嫉恨。明明自己毫无私心，只是希望自己的国家安泰，当权者明慧，结果却只能任凭他人指控，于是请求皇帝将他"放还田里，以示典刑"。

曾经推荐他入仕的司马光已逝，吕公著置身事外，就连被他悉心教导的皇帝也冷冷地看着他，他心灰意冷了。

他不禁想起太皇太后有一次将皇帝用了许久的桌子扔了，皇帝不动声色地找了回来，说："这是我父亲曾用过的桌子。"

那时候，程颐就隐约地觉得，或许太皇太后想要将皇帝塑造成仁厚温顺的一国之主，可是有其父必有其子，这大概便是他无能为力之时微弱的抗争吧。

罢了罢了。

程颐说："不用你们赶我，我自己会走。"说完便丢下一封辞呈，回到了洛阳的"伊皋书院"，远离浮世的纷争，在自己的小天地里继续为人师表，培养一批又一批的栋梁之材。

洛党一派因为程颐的远离而分崩离析，曾经三足鼎立的局面一下子演变成朔、蜀两党的正面交锋。

而东坡虽知谨言慎行的必要性，可就是学不会闭嘴。他也不怕事，继续尽己所能，发现问题，给出方案。他写《论特奏名》，希望杜绝学识浅薄的投机分子大肆挤占名额，造成严重的冗官现象；他写《大雪论差役不便札子》，提醒当权者体恤忍冬挨饿的穷苦老百姓……

利益受损的权贵们对东坡群起而攻之。有心之人虎视眈眈地盯着他的一言一行，恨不得拿着放大镜，从他头发丝研究到脚指甲，只为找他的不痛快。有人说他空有才学，私德差得远；还有人说他轻浮急躁，应该下放到地方上去锻造一番。

年轻的时候，不管身边的诋毁多么烦嚣，东坡都能抱着一腔热忱去做自己认为对的事；而垂暮的时候，接二连三的锤击，却将他所剩无几的宏愿消磨殆尽。

第二十六章

二渡杭州

东坡又要出远门了。太皇太后顾念旧情，为他挑选了一个好地方——杭州。

临走的时候，朝廷依照给执政大臣的旧例，又是赐龙茶，又是送银盒，好生热闹。

杭州，一直都是令东坡魂牵梦萦的地方。

可是，当他一路过南都，经宿州，途润州，宴吴兴后，最初困鸟出笼的畅快逐渐被沉重的伤感取代了——岁月无情，从前的好友们，一个接一个地离开了人世，其中就有赏识他的同乡前辈范镇。

那时候，他正值壮年，还有"左牵黄，右擎苍，锦帽貂裘，千骑卷平冈"的狂妄，和"会挽雕弓如满月，西北望，射天狼"的热血。在赶往密州的路上，与相送的六个好友泛舟湖上，诗酒唱和、意气风发、潇洒自在的模样已成过往，一去不复返。

如今，他五十三岁了，有着"二年之中，四遭口语"的无奈，有着"臣若不早去，必致倾危"的愁虑。与他宴饮的已是另一批正值青春年华的热血儿郎，喧嚣里，觥筹交错间，一股悲凉浸上心头——旧友皆去，唯我独醉。无边的孤独突然包围了他，真挚的友人已经不在，而曾经打压过他，一心置他于死地的人，忽然间收起了獠牙，向他展露友好。

何等讽刺！

虽已暮年，虽已历经别离，虽可以不去理会那些虚伪的行为，但东坡依旧无法做到忽视死别。只不过，当着那冉冉升起的旭阳，他还能笑着说一句："我对这人世情深义重。"

而很快，他最爱的杭州给了他当头一棒。

元祐四年（1089）七月，东坡刚上任不久，杭州即遭大旱，焦金流石导致哀鸿遍野。短短四个多月，米价就从每斗六十钱涨到了九十钱。而每一次疯涨的背后，伴随着的都是百姓的怨声和满地饿殍。

东坡忙得不可开交，爱书如命、素爱写诗的他，也因为忙碌丧失了在月夜下小酌夜读的时间与兴致。他只有在这年八月，才忙中偷空为出使契丹的弟弟苏辙作了一首《送子由使契丹》：

> 云海相望寄此身，那因远适更沾巾。
> 不辞驿骑凌风雪，要使天骄识凤麟。
> 沙漠回看清禁月，湖山应梦武林春。
> 单于若问君家世，莫道中朝第一人。

从前，是弟弟殷殷叮嘱，做人需"忌口"，当心祸从口出；现在轮到做哥哥的谆谆告诫弟弟，做人要低调，掩藏锋芒，以保安全。

物价飞涨，百姓入不敷出，许多人准备逃离杭州。而如果一直找不到有效的解决之道，只怕从前密州逼民为盗的场景还会上演，到最后，百姓真的逃离杭州，那么无论以前多么繁华，以后都将无法维持，更严重的话，杭州就会如同许多遭受天灾的古村落一样，在历史的洪流里再也寻不见。

眼看以一己之力已经无法解决全城百姓的生存、温饱问题，东坡于同年十一月，向朝廷上奏《乞赈济浙西七州状》索要赈灾款，六日后又上书《论役法差雇利害起请画一状》。

他如实写明杭州的情况："百姓生活在水深火热之中，从去年冬天开始，滂沱的大雨连绵不绝，淹没了沟河与田地，田里人都下不去脚，更别说饱食增收了；好不容易等到夏天雨停了，水退了，终于能够插秧了，天公却再降旱灾，导致颗粒无收。但一些米商却趁机抬高米价，穷苦百姓饥饿难忍，只能乞讨为生。"又指出自己的担忧，"深恐来年春夏之交，必有饥馑盗贼之忧。"他不断强调，"饥贫之民，无路逃死，必将聚为盗贼。"期望朝廷可以拨款赈灾，开仓放粮，帮助杭州百姓渡过难关。

民以食为天。作为地方官，东坡深知自己应该挺身而出，庇护一方百姓。而天子作为一国之君，更应该为民着想。

对上，他为民争取减免赋税，甚至反问天子："百姓自己都吃不上饭了，怎么还能有余粮上供朝廷？"他与朝臣撕拉扯皮："我亦知朝廷如今艰难，所以也不敢强求能拨粮赈济，不过，希望天子能减免杭州赋税和上贡的米量，一半也可以，三分之二就更好。等百姓扛过了灾年，明年丰收了，再慢慢地偿还。而且，杭州现在米价太高，为了能将价格压下来，希望官府停止征收钱米。还有本地的税收，希望能拿出来赈济灾民。君民携手，一起渡过这次难关。"

对下，他效仿铁面御史赵抃在熙宁八年（1075）应对席卷全国的天灾中的做法，到所属各县做实地勘察，一一记录有多少受灾乡镇，有多少百姓流离失所、饥不饱食；细细盘算官府的钱粮能供给多少，应当由官府供给救济粮的有多少，可以征募出粮的富户又有多少。同时也真心安慰："而今之局势，大家都难以为继，希望大家能够再忍耐些，作为杭州之长，我必奏请朝廷快快接济大家。"

而这一切的实现都离不开人脉和银子。幸好太皇太后是东坡最殷实的靠山，她为东坡扫清重重障碍，并额外赠送三百道度牒以缓解他的燃眉之急。东坡也不负所望，握着诏令冲锋陷阵。

北宋的和尚地位很高，而且不用缴税。但想当上和尚也不容易，要经过严格的选拔，具备非常专业的佛经知识，通过考试拿到资格证。朝廷为和尚专门颁发度牒作为证明文件，上面会严格地记载僧尼的本籍、俗名、年龄、所属寺院、师名以及官署关系者的连署。而拥有度牒者，也能得到官府的庇护——宋人经济头脑发达，人人心中都有一本生意经，为了增加收入，度牒便也由此商业化了。度牒成为商人避税的一种手段，而且它具有保值性，只要有大宋官方支持，怎么样也不会亏损。

所以，为了获得更多资金，东坡将度牒以高价卖给富商。即使价格被炒到了官价一百三十千钱的三五倍，富贾名流也是竞相追逐。

此外，东坡发现米价居高不下的一个原因，竟是官商勾结。他们趁着灾荒，大肆囤积粮米，故意哄抬米价，于是东坡重拳出击，整顿市场。他将争取到的赈济米粮发放给贫民，再以平籴法稳定市场——官府一般在丰收时，平价买进谷物，到荒年时再低价卖出，确保了小农市场的平衡，防止了"谷贱伤农，谷贵伤民"。

不过，自然灾害后往往伴随着毁灭性的瘟疫。它的可怕之处在于发病快，症情险恶，并且具有快速、广泛以及方式多样的传播特点。东坡因为有过治理瘟疫的经验，在其他郡县当权者还未反应过来的时候，就采取了相应的措施。

禁止城市人口流动，百姓的所有生活物资均由杭州官府统一分配；再将有症状的病患集中隔离。他从赈灾公款里拨出两千贯，又自掏腰包捐了五十两黄金用于救治灾民。还召集人员，在偏远地区修建了一所"安乐坊"，改善医疗环境，以防互相感染，并召集城中郎中以及懂医术的僧人进行救治和看护工作。

后来，为了完善医疗卫生服务体系，朝廷将安乐坊改名为安济坊，命医僧常驻于此，并提高了医僧的福利待遇——凡三年医治病患超过千人者，便赏赐紫衣一件，以及度牒一道。

东坡彻夜地翻找医书，认为此病属湿疫。他想到了巢元修曾给自己用过的中药方子——"圣散子方"。在与众医者商讨研究后，冒险试用此方来医治病人。据《苏东坡全集》中《圣散子叙》记载："状至危急者，连饮数剂，即汗出气通，饮食稍进，神宇完复。"

"圣散子方"所用的药材比较常见且价格不贵，又对时疫有效，虽然巢元修曾三令五申，不能将秘方公之于众，但生死攸关，东坡怎么会藏着掖着？当即便派遣下属组织侠肝义胆的富商，到处采买药材，并"作馇粥，药饵"，分发给病患。

至此，这场来势汹汹的瘟疫，在东坡的带领下，终于日渐平息了。东坡以自己的抗灾及抗疫经历，来证明他的管理能力，同时也为世人展示了杭州这座城市的凝聚力。

东坡一开始或许只是为了求一份心安，从未想过要得到某种称赞，但炽热的真诚总能打动人心，杭州百姓纷纷在家中挂起他的画像，"饮食必祝"，还以最朴素的感恩。

但经此一役，东坡也发现了一个严重的问题。他在巡视、勘察地形后，发现钱塘江经茅山运河，在梅家桥与盐桥运河相会，进入杭州城内河。由于三者水位由高至低，以及钱塘江"潮之所过，泥沙浑浊，一石五斗"，一汛一淤，"积日稍久，便及四五尺"，泥沙就会纷纷涌进盐桥和茅山两大运河。如果放任不管，时间久了，不仅河道淤堵，舟船难行，平田也会变成丘陵。杭州作为水陆交通要塞，是通商的黄金口岸，一旦淤堵不畅，不仅影响货物流通，而且会影响全国的经济发展。

所以，疏通运河，迫在眉睫。

东坡说干就干，立刻调动官府力量并组织民间团体，共计一千多人，计划将两条运河挖通，以解决运河淤泥沉积的问题。

第二十七章

兢兢业业

东坡离开杭州已有十五年了。十五年中，风云变幻，日月流光，东坡还记得曾经和同僚陈襄一起泛舟西湖上，青萝软翠，潇洒快活。可如今，他站在西湖边上却再也看不到美人西施般的美景了，他将感慨都写进了《去杭十五年复游西湖用欧阳察判韵》中。

我识南屏金鲫鱼，重来拊槛散斋余。还从旧社得心印，似省前生觅手书。

莘合平湖久芜漫，人经丰岁尚凋疏。谁怜寂寞高常侍，老去狂歌忆孟诸。

元祐五年（1090）四月，盐桥、茅山两河已经疏浚完成。看着通畅了十多里、上涨了八尺有余的两条河道，杭州百姓欢呼不已。

然而东坡却笑不出来。运河虽然暂时疏通了，解决了一时的南北航运问题，但这也只是治标不治本。就如他十五年前整治六井，那时以为解决了问题，却在十五年后的今天才发现，也只不过是解了当时的燃眉之急。

于是为了彻底解决六井运水问题，延长其使用时间，东坡特地找到了当时治井的工程师，已经七十岁的子圭和尚出谋划策。子圭和尚提议，将引水用的极易腐烂的竹管，换成更坚固并且不会腐烂的瓦管，再以砖石层层加固，这样一来，就能节省人力、物力和财力，还不必反复整治维修。

东坡却认为，治井引水不能只将眼光放在引水上，而应该从源头解决问题。治井是一方面，而如何从本质上彻底解决百姓用水和运河淤塞的问题，才是重中之重。

为了有效解决这些问题，东坡及其幕僚冥思苦想。摆在他面前的难题是一道接着一道，就在他一筹莫展之际，临濮县苏坚的治理方案送到了他的案头，令他眼前一亮。

苏坚在奏呈中说："在钤辖司前设置一道坝堰闸门，当涨潮时，就关闭闸门，让汹涌的潮水从茅山河向北流出天宗门。然后，等到浊水退去，泥沙沉底，再打开闸门，让清水流经盐桥河进入杭州内河，如此便能解决运河淤塞的问题。至于茅山河外的淤堵，地广人稀，治理起来也方便简单多了。"

但是，东坡又担心，倘若再次遇到大旱，钱塘水枯，又该怎么解决？还有居民的用水问题，又该如何妥善安排？

苏坚也轻松化解："西湖的淡水流经城外的清湖河，与城内运河泾渭分明。可差人在涌金门建造一座坝堰，将此二河连通起来，赶入盐桥河，到时再建造水闸储水，如此一来不但能解决居民用水，还能解决农田灌溉的问题。"

东坡也从白居易治理西湖时留下的文献中发现："自钱

塘至盐官界，应溉夹河田者，皆放湖入河，自河入田，每减一寸，可溉十五顷，每一伏时，可溉五十顷。若堤防如法，蓄泄及时，则濒河千顷，无凶年矣。"

于是，在确定了苏坚所提方案的可行性后，东坡立即着手派人执行。但是，作为淡水来源的西湖因长期未疏浚，茭菱聚积，经年累月，腐化成泥土，而西湖水浅，葑田约占四千一百多亩，几近半个西湖被塞满。

对于古人来说，修复受损水体工程非常耗费时间和金钱，更别说此前东坡为了疏浚运河以及赈灾济民，所花费用，数以万计，所以就有官员与东坡商议暂停这项工程。但东坡看着淤泥堆积，被水草蚕食掉大片水域面积的西湖，知道倘若不加以治理，只怕很快会变成大问题，于是立刻向朝廷上奏申请拨款。与此同时，他又招来贫困的百姓十万余人，浩浩荡荡地展开了清浚水草、开掘淤泥的浩大工程。

但如此一来，又有一个问题横亘在了东坡面前。四千一百多亩的葑田尽数疏通后，惊人的水草和葑泥该如何安放？

但这个问题又怎能难倒作为画家的东坡？东坡利用自己一流的审美力和独特的创造力，完美解决了这个难题——他在西湖之上建造了"苏堤"。

著名的苏堤，南起南屏山麓，北到栖霞岭下。百姓们日以继夜在东坡的指挥下，将挖出的葑泥一兜兜、一摊摊、一段段铺筑成路，又在两岸遍种茵茵垂柳、灼灼碧桃、簇锦海棠、娇娇芙蓉、馥郁紫藤加以点缀。

为了起到警示作用，东坡在湖央筑造了三座小石塔，公私区域，划分分明。石塔内区域作为公共资源，逐渐演变成文人雅士踏青、寻春的胜地。东坡高超的审美，也让南起南屏山麓，北到栖霞岭下的苏堤颇有美名。

仅做了这些还不够保险，东坡又将沿岸浅水区的湖面租赁给百姓种植菱角，同时，租户们需要定期处理各自水域的荇草，保持水质健康。这么一来，百姓多了一条致富新路，官府的财政收入也能提高，还能杜绝西湖中荇草复生。

在治理西湖期间，东坡不仅坐镇指挥，更亲自动手，时常融入做工的队伍中，给他们以指导和关爱，与百姓同吃同住，煮东坡肉为他们改善伙食，他成为当地百姓交口称赞的父母官。对东坡来说，这一切都只是他对民间疾苦做出的回应，而绝不会是他用以炫耀的政绩。

在工作之余，东坡也不忘游玩抒情，他的快乐也来得如此简单——在韬光庵，在龙井，在龙华寺，在麦岭，凡是走过的路上，都要刻下"东坡到此一游"的印记；端午节的时候，和朋友登上十三楼，看到眼前的胜景，听到隐约传来的水调曲，他也忍不住高歌。这一切，在《南歌子·游赏》中可见一二。

山与歌眉敛，波同醉眼流。游人都上十三楼。不羡竹西歌吹、古扬州。

　　菰黍连昌歜，琼彝倒玉舟。谁家水调唱歌头。声绕碧山飞去、晚云留。

　　熬过了最难的时候，连寒冬腊月的雪也变得分外可爱。他和通判袁公济雪后出游，茫茫的天地，一路走来，万籁俱寂。走上长桥时，袁公济看到眼前的美景，不禁玩心大起："苏兄，此来游玩，为了助兴，自然要以题解谜，袁某不才，现下正有几个谜面，苏兄若不嫌弃，不妨与在下切磋一二？"

　　东坡当然很有兴趣："于诗文字画，苏某便自负一回，应了袁兄的考较了，袁兄请出题，苏轼洗耳恭听。"

　　袁公济低咳两声，谦虚地笑了笑："苏兄且听好。谜面是'雪径人踪灭'，打一七言唐诗半句。"

　　东坡一愣，瞥他一眼，暗想，袁兄果然不凡，于唐诗果真有一番造诣。不过，饱读诗书的东坡可不会就此认输，他抬起头，仰望着天空，远处皑皑银山，枝头皓皓梨花，无不是灵感的出处。万籁俱静中，东坡正聚精会神地思考，林中群鸟突然叽叽喳喳，成群结队地冲上云霄。

　　东坡忽而心头一动，快意大笑："公济啊，我也有一谜题，正好可以解了你的谜。"

　　袁公济兴趣更浓，忙问："快说来听听。"

　　东坡得意地吟道："雀飞入高空。"

袁公济沉思片刻，忽而大笑起来，作揖道："苏兄厉害，在下心服口服。"

原来袁公济的谜底是"一行白路"，而苏东坡的则为"鸟上青天"。用"鸟上青天"来对"一行白路"，可不正好是用诗圣杜甫的千古佳句——一行白鹭上青天中的下半句来对上半句吗？

东坡才华横溢而又品德高尚，从不缺少被他的人品及才华折服的人。

有一次，城中有人向东坡告状喊冤，控诉欠债者拖欠自己价值两万的绫绢钱不还。

东坡当即叫来被告询问："为何欠钱不还？商人可是要以诚信为本，才能把生意做大、做长久啊。"

没承想被告却哭泣喊冤："大人，不是小民不愿还钱，实在是没钱啊。我家以制扇为业，本就是靠天吃饭，最近阴雨连天，天气是一天比一天冷，扇子卖不出去不说，我父亲还不幸去世了，我是真的拿不出钱了啊。"

东坡思忖良久，想出一计，说："你拿二十把空扇子来，我来帮你想办法。"

不明就里的人围着看热闹，看着东坡研墨、挥毫，在被告抱来的一摞空扇子上画他最拿手的枯木竹石并题词，写完，当即就让被告拿出去叫卖。

无论何时，名气的价值都不可估量。只见被告才走出府衙大门，怀中的扇子就被早已聚集在门外看热闹的百姓抢购一空，更有一把绢扇卖到了一千钱的高价。

东坡的仁慈还不止于此。

南剑州的乡贡进士吴味道，要长途跋涉去京师参加科考。虽有好心的乡民们为他凑了十万钱践行，但南剑州距京城路途遥远，这些钱远远不够。吴味道想道："利用南剑州和京师物价的差别，把南剑州的丝织品运到京师贩卖，或许在解决路费之外，还能赚上一笔。"

但是北宋税收繁重，税目繁多。"士、农、工、商"中商人排在最末，官府对他们的限制也是最严苛的。其中，长途贩运的流通税，更是重复征收。所以为了逃税，吴味道又想出了个诈欺的法子，他给低价收购的丝织品想了一个好招——"以二巨卷，作公名衔，封至京师苏侍郎宅"。将其封成两大卷，假冒苏轼的名义，送到苏辙府上去。

只是没想到，阴错阳差地碰到了东坡本人。东坡很好奇："天下名士那么多，为什么非得以我的名目作假呢？"

吴味道解释："窃计当今负天下重名而爱奖士类，唯内翰与侍郎耳。纵有败露，必能情贷。"

或许是他话中的真情实意感动了东坡，东坡微微一笑，拿出纸笔重新为吴味道写了封条，并将吴味道引荐给了弟弟。

东坡的仁慈和宽容，令他的人气更加高涨，一时间他的大名无人不知，无人不晓。

第二十八章

逆旅行人

天宝二年（743），诗人李白离开翰林院，天子李隆基没有流露出丝毫惋惜之情；元祐四年（1089），东坡离开翰林院的时候，太皇太后却是留了又留。即便最终还是留不住，放东坡走时，也给了东坡龙图阁学士的荣誉称号，用以保驾护航。

所以，等东坡在杭州的任期一满，太皇太后就接连以吏部尚书和翰林学士的征召诱他回朝。东坡虽不愿意离开杭州，却没有说"不"的权力，只能应召回朝。

但人只有在历经沧桑后，才会懂得，平淡地生活，做一份力所能及的事，才是人世间稳稳的幸福。东坡不太愿意离开杭州了，所以决定留一家老小在杭州安度时光，独自登上了去往京师的船。

东坡已经五十五岁了，头发白了，眼睛花了，左手手臂也不好使了。对比起在京师时处处受限，于压抑的朝堂中痛苦挣扎，被折磨得体无完肤的日子，东坡在杭州的两年生活着实是充实又惬意的。在寿星院的寒碧轩里，他说："日高山蝉抱叶响，人静翠羽穿林飞。"当欣赏焕然一新的西湖美景时，他忍不住感慨："古岸开青葑，新渠走碧流，会看光满万家楼。"在去泛舟的路上，听到商贩的叫卖声，他又说："旋折荷花剥莲子，露为风味月为香。"后来，他为钱塘的朋友送行时，也说："居杭积五岁，自意本杭人。"

先前，他在《临江仙·送钱穆父》中写道：

一别都门三改火，天涯踏尽红尘。依然一笑作春温。无波真古井，有节是秋筠。

惆怅孤帆连夜发，送行淡月微云。尊前不用翠眉颦。人生如逆旅，我亦是行人。

当时他安慰老友不用惆怅，毕竟两人很快就能重逢。而这次也一样，他坚信自己很快便会回来。

所以，哪怕踏上回京师复命的路途，他仍然抱着太皇太后和皇帝会收回成命的期望，在他们下达诏令的那一刻，可能就又写下了免职信。

他在路途中也磨磨蹭蹭。

夜过扬州，朋友设宴，他欣然赴约。可是相聚的喜悦与才相见又将离别的忧愁交织在一起，难以排遣，如《临江仙·尊酒何人怀李白》中所述：

尊酒何人怀李白，草堂遥指江东。珠帘十里卷香风。花开又花谢，离恨几千重。

轻舸渡江连夜到，一时惊笑衰容。语音犹自带吴侬。夜阑对酒处，依旧梦魂中。

经过润州时，和高太守喝茶、听曲、猜诗谜；到了宋州时，又在王巩家流连忘返，显摆皇帝对他的情深义重——早在去杭州前，他离开京师时，皇帝曾将他拉到拐角，偷偷送给他一包茶。

可是，情深义重和自由比起来，他还是更向往外面的海阔天空。于是，茶喝完了，他还是得拿出纸笔继续写："老臣如今年岁已高，精力体力皆有不济，实在是难堪大任，希望朝廷能够体恤臣已年老，就让老臣留在杭州吧。而且臣之胞弟苏辙现在正任尚书右丞一职，兄弟同朝为官，还都是高官，让有心之人知晓会引起不必要的麻烦和误会。"

奏折寄出，见太皇太后和皇帝依然毫无表示，他又搬出前人的事迹加以劝说："窃见仁宗朝王洙为学士，以其从子尧臣参知政事，故罢。臣今来欲乞依王洙故事回避，仍乞检会前奏，除臣扬、越、陈、蔡一郡。屡犯天威，臣无任战恐待罪之至。"

但他所求终不能如愿。东坡还是在元祐六年（1091）五月二十六日回到了他再也不愿踏入的是非之地。再次见到曾经排挤他、忌惮他、弹劾他的同僚，继续冷眼看着他们无事生非，扰乱朝纲。

东坡不理会那些或幽怨或嫉恨的目光，他把回京这一路上看到的问题——整理并上报给朝廷，为浙西的水灾筹了百万石的大米以及二十万缗钱款，却也因此为自己招来了中伤和指责。

当时东坡住在弟弟的家里，本意是为方便随时离开，但在政敌的眼里，却成了清高、孤傲，一意孤行。当时的当朝宰相乃是朔党党首刘挚，此人亦不喜欢东坡。在洛党散落后，刘挚将洛党人士贾易等人收编麾下，壮大自己的队伍，这其中，又以贾易最为看东坡不顺眼。

刘挚深知贾易和东坡不对付，因此，在东坡回京后，立即动用关系，将之前被调任外地的贾易也调回了京城。

当年贾易还是一名台谏官，他严肃，不苟言笑，做事一板一眼，向来看不惯东坡的为人行事。但有次晁补之的叔叔不知何故请俩人同桌吃饭，不对付的两人无话可谈。东坡向来大度，就讲起冷笑话缓解尴尬，不料贾易丝毫不领情，不顾场合冷斥其是"自大轻浮之人，口吐狂言之辈"。

东坡也来气了："轻浮自大之人最好为人师，吾辈不才，竟不如贾大人口舌灵便！"东坡口才本就没几个人比得上，这副不服来辩的硬挺模样，气得贾易甩袖而去。

在贾易眼里，凡是帮着东坡的人，都和东坡是一丘之貉，就连太师文彦博他也不放过，不仅当面辱骂，还扬言文彦博是东坡等人的幕后帮手，天子忍无可忍，将他贬谪出京。

此番贾易回京后，自然到处搜集对东坡不利之事。而东坡又"没心没肺"惯了，很快便被贾易找到了大量的"证据"。

东坡为了给浙西筹集米粮和赈灾款，日日奔波，动用一切可以借用的关系，还找过已经升迁为御史中丞的昔日好友赵君锡。

贾易便上奏检举，说东坡言过其实，浙西水灾并非如他文中所言那么严重，一切皆因他利欲熏心，想从中牟取私利。纵观他曾引荐的秦观王巩张耒等轻佻、荒诞、滑稽之流，更鉴于他的为人，对他所奏之事，应该先查探清楚，再加以决断。

正直、高尚的范祖禹是司马光和王安石赏识的人，他站出来为东坡主持公道："浙西是本朝之经济重心，朝中财政收入大多来源于东南地区。哪怕水灾真的有被夸大的嫌疑，人命关天的重要时刻，岂能再三迟疑！"

太皇太后也信任东坡，她安慰东坡："苏公宽心，哀家知你被无端构陷，心中自有定夺！"她把贾易的检举信交给当权的吕公著和刘挚，却被苏辙利用职务之便知晓了。

护兄心切的苏辙回家后立刻告诉了东坡。东坡知道后很是忧心："如此一来，我免不了又要受牢狱之灾了呀！"

苏辙安慰东坡："兄长莫慌，我定助兄长脱困，大不了你我二人辞官回眉山养老，远离此是非之地。"

东坡却有些愧疚："苏辙吾弟，你一向谨小慎微，于官场几十年间平步青云，深得天子重臣赏识，倒是我，每每都拖累了你，如今看来，你比我更适合这官场，要走也是我走，反正我早已无心从政，比起这里，也更喜欢待在清净小地，不如就趁此机会走了吧。"

自身难保的东坡，因心中急切煎熬，忍不住又将这件事透露给了秦观，并且劝他："眼下局势对你我不利，与其被人诬陷栽赃，最后遭受牢狱之灾，还不如现在大家就主动请辞，寻一处山水，反而能快活自在。"

但那时的秦观刚得赵君锡推荐，升为秘书省校对黄本书籍、秘书省正字，怎么会愿意辞官回乡？或许是舍不得，或许是惊慌失措，他背着东坡，私自求见了赵君锡，向其数落贾易，希望赵君锡能站在东坡的队列里一起对抗贾易。可没料到，赵君锡为了攀附荣华富贵，居然出卖了东坡。他上奏道："妄以辞官为托，威胁朝廷不查不办，东坡之心实在叵测！"

东坡不得不为自己辩驳："我要是有心谋求高位、牟取私利，又何必一次次乞求离开朝廷，去地方任职呢？"

贾易冷冷地说："你那是以退为进，想要更大的职位！狼子野心，其罪当诛！"

他把从竹西寺墙壁上拓下来的诗句呈给天子，指证东坡："'此生已觉都无事，今岁仍逢大有年。山寺归来闻好语，野花啼鸟亦欣然。'先帝驾崩，应该是举国悲痛的事情，他居然不难过，诗文中还一派开心快乐之境，他这么做，是对先帝的大不敬！"

东坡好声好气地解释："作诗只是因为彼时承蒙圣恩，在去往宜兴的途中，又见当地百姓丰收富足，才表现出愉悦，我想这是可以理解的吧。况且那个时候，距离先帝驾崩已经两月有余，算不得大不敬。"

但贾易可不管这些，他拉着赵君锡一起揭发东坡和苏辙泄露朝廷机密，给东坡扣上通敌卖国的帽子："泄露朝中机密，罔顾朝廷，置百姓生命财产于不顾。苏家两兄弟人品令人不齿，纵使能力再强，也不堪大用，而且东坡'离间风宪'，一看就是大奸大恶之人！"

东坡终于"得偿所愿"，但却是以罪人的身份被贬离开——通敌卖国的罪名大到即便东坡有再多的理由和再好的口才，即使太皇太后信他清白无辜，也难以再在朝廷中为官任职了。

贾易以为扳倒了东坡，自己便能平步青云。但是，人总要为自己说过的话、做过的事，付出代价。

他一味媚上欺下的面目早已让天子与太皇太后厌烦，太后对他设计陷害自己千召万唤才"逼"回来的东坡一事忍无可忍，最终将他发配边疆了。

第二十九章

孜孜不倦

东坡被贬颍州，临行前，秦观前来请罪，面对他一遍又一遍的致歉，东坡只是摇了摇头，连半句埋怨都没有。面对再次贬谪，纵使内心再疲惫，到夜里枯坐的时候，东坡也只对参寥子说过："少游近致一场闹，皆群小忌其超拔也。"

他想起与胞弟苏辙从前夜雨对卧时，曾许下的愿望。虽然东坡将所有罪责一力承担，保全了弟弟的前途，但如今他们甚至不知道以后还有没有机会再见。心中有太多的舍不得，太多的憋闷，太多的无奈，却不敢当面告别，只敢最后再看一眼弟弟的屋舍，在《感旧诗》中写下他对胞弟苏辙的不舍。

床头枕驰道，双阙夜未央。

车毂鸣枕中，客梦安得长。

新秋入梧叶，风雨惊洞房。

独行残月影，怅焉感初凉。

筮仕记怀远，谪居念黄冈。

一往三十年，此怀未始忘。

扣门呼阿同，安寝已太康。

青山映华发，归计三月粮。

> 我欲自汝阴，径上潼江章。
>
> 想见冰盘中，石蜜与柿霜。
>
> 怜子遇明主，忧患已再尝。
>
> 报国何时毕，我心久已降。

元祐六年（1091）闰八月二十二日，东坡到达颍州。他上任要做的第一件事，是配合开封和陈州的水利工程团队，开凿一条八丈沟，引水入颍河，以解决陈州的水患问题。但经过实地考察后，东坡发现这个治水方案存在巨大的漏洞。

原来，为应对连年的开封水患，当地官府以前是溢到哪里挖哪里，但这种扬汤止沸的做法，最终导致陈州也遭受了无妄之灾。如今，连陈州的惠民河也堵不住祸乱的洪水，某些官员居然又提出，引惠民河水入颍河，最终流入淮河，以解除水患的方案。

东坡到任后，连夜整理卷宗，召集各级官员研究解决方案，并深入实地观察——"选差教练使史昱等，令管押壕寨，自蔡口至淮上，计会本州逐县官吏，子细打量，每二十五步立一竿，每竿用水平量见高下尺寸，凡五千八百一十一竿，然后地面高下、沟身深浅、淮之涨水高低、沟之下口有无壅遏可得而见也。"最后得出结论："颍河下口壅遏不得通，则皆横流为害，下冒田庐，上逼城廓，历旬弥月，不减尺寸。"淮河水位高于颍州，一旦淮河暴涨，必将逆流至颍州各地。

东坡以数据推翻了即行的方案，惹来了无数谩骂和忌恨。但比起帮助解决黎民百姓的疾苦，这些又算得了什么呢？

他在乎的是，秋季干旱了，他得写一篇祈雨词，去张龙公庙和龙王以"雨"为题展开一场辩论。等到辩论获胜，解决燃眉之急后，他得兴修水利、疏浚西湖，从根本上解决农田灌溉和居民饮水问题。

这些于东坡而言都是驾轻就熟的工作，不算困难，反而由饥荒引起的盗贼横行问题，才着实让东坡感到苦恼。

东坡不是没有剿过匪，想他也曾提着大刀追到贼窝里去杀过匪、剿过贼。可是，他如今早已满头白发，手臂也因疾病再也提不动刀，砍不动贼匪，就连眼睛也不好使了，就怕混战时砍错了人，追错了匪，闹了笑话不说，连命也得搭进去。于是他把主意打到了汝阴县长李直方的身上，他动之以情，晓之以理："君能禽此，当力言于朝，乞行优赏。不获，亦以不职奏免君矣。"

李直方是个血性男儿，抛下九十多岁的老母亲，便奔赴贼窝，最终凭着英勇无畏的热血与职责，亲手擒获了盗匪头子。

东坡信守承诺，为李直方请赏，朝廷却以他剿匪人数不足为由，不做奖励。但东坡不是许了承诺不兑现的人，后来当自己能升迁时，他多次推官不就，希望能将这些官位移作李直方的赏赐。

中国有大大小小的西湖三十七个，除了最广为人知的杭州西湖外，还有规模最大的颍州西湖。东坡曾以一首《饮湖上初晴后雨》让杭州西湖扬名，初到颍州，泛舟西湖上，闻到荷花香，他写："四面垂杨十里荷，问云何处最花多，画楼南畔夕阳和。"风平浪静时，他作："画船俯明镜，笑问汝为谁？"乍然风起时，他又言："忽然生鳞甲，乱我须与眉。"

但写颍州西湖最好的是欧阳修："平湖十顷碧琉璃，四面清阴乍合时。""西溪水色春分绿，北渚花乏暖自薰。""春深雨过西湖好，百卉争妍。蝶乱蜂喧。晴日催花暖欲然。""路转堤斜。直到城头总是花。""尝爱西湖春钯早。腊雪方销，已见桃开小。"

而两人也颇有缘分——东坡的二儿子苏迨，和欧阳修的孙女，也就是欧阳棐的女儿喜结连理了。因东坡与欧阳修两人同在颍州，两家的往来也就更为频繁。

而东坡这张虽无遮拦却重情重诺的嘴，到了遍地都是朋友的颍州，成了他招人喜欢的闪光点。短短六个月，东坡又爱上了颍州这座城市。

病了、痛了就请假："公退清闲如致仕，酒余欢适似还乡。"

听到妻子王闰之说了几句颇有诗意的话，也值得他摆一桌子酒宴显摆："春庭月午，摇荡香醪光欲舞。步转回廊，半落梅花婉娩香。"

玩心大起时，与赵德麟一起撺掇不作诗的亲家公欧阳棐出口成诗，怂恿滴酒不沾的陈师道喝了酒，然后像个顽童般得意地拍手称快："二欧非无诗，恨子不饮故。"

这么看来，对东坡来讲，颖州也算是不错的养老之地。毕竟在刘挚倒台后，苏辙给东坡写信，让他再次踏入权力中枢时，东坡以一首《满江红·怀子由作》拒绝了他。

清颍东流，愁目断、孤帆明灭。宦游处，青山白浪、万重千叠。孤负当年林下意，对床夜雨听萧瑟。恨此生、长向别离中，生华发。

一尊酒，黄河侧。无限事，从头说。相看恍如昨，许多年月。衣上旧痕余苦泪，眉间喜气占黄色。便与君、池上觅残春，花如雪。

但苏轼终不能如愿，元祐七年（1092）正月，欧阳棐被调到京师任职，不久后，东坡也受命前往扬州当差。

临走前，东坡还惦记着未完成的疏浚颍州西湖的工程，把它托付给赵德麟，请他务必按照当初的设想，监督完工。

后来，颍河直通焦坡塘，并修建了三座水闸，效仿杭州西湖，由挖出的淤泥堆成的颍州西湖苏堤两旁，种满了依依杨柳，还有玉兰、木樨等花木。颍州西湖也和杭州西湖、惠州西湖、扬州瘦西湖并称中国四大西湖。

世间所有的美景，都藏在烟花三月的扬州里。

这是东坡第十次来扬州了，他知道江南的鲥鱼配镇江的香醋是一绝："芽姜紫醋炙银鱼，雪碗擎来二尺余。尚有桃花春气在，此中风味胜莼鲈。"

他还知道"扬州芍药名于天下，与洛阳牡丹俱贵于时"，三月的万花会上，百花齐放，唯有芍药是："倚竹佳人翠袖长，天寒犹著薄罗裳。扬州近日红千叶，自是风流时世妆。"

他在第三次途径扬州时，曾赴好友宴会，登上平山堂，看到墙壁上欧阳修的题词，便写了一首《西江月·平山堂》来悼念。现在，他再一次来到这里，仍是忘不了亦师亦友的欧阳修，便在欧阳修修建的平山堂后面，又建造了一座"谷林堂"，写下了一首《谷林堂诗》。

深谷下窈窕，高林合扶疏。

美哉新堂成，及此秋风初。

我来适过雨，物至如娱予。

稚竹真可人，霜节已专车。

老槐若无赖，风花欲填渠。

山鸦争呼号，溪蝉独清虚。

寄怀劳生外，得句幽梦余。

古今正自同，岁月何必书？

但扬州百姓的日子也不好过。按理说，风调雨顺、五谷丰登的时节，靠天吃饭的农家人，应该是陆游笔下"莫笑农家腊酒浑，丰年留客足鸡豚"的欢欣，可是一路走来，东坡看到的却是一张张垂头丧气的愁容。

东坡问及缘由，老农抹了抹耷拉的眼皮，叹口气说："唉！灾荒时，虽然日子难熬，但是有公家的赈灾粮，还减免了各种税收，咱们只要缩衣节食，紧着点还能过活。现在粮食虽然是丰收了，但是补完以前所欠的粮和税，剩下的根本就不够吃。可如果不交，就要被官老爷们拿棍棒招呼，实在是难熬啊。"

享受过大宋最奢华的待遇，也吃过贫病交加的苦，东坡怎会不知道"兴，百姓苦；亡，百姓苦"的道理？即使天下安定，最苦、最难的也都是老百姓。

他泪眼婆娑地握着老农那双粗糙的手，承诺道："有我在，定不会让苛政这头猛虎，损害百姓利益。"

所以，元祐七年（1092）三月，才刚上任，东坡便着手写奏折《论积欠六事并乞检会应诏所论四事一处行下状》，提请免除百姓积欠赋税等事，一次得不到回应，就继续固执地上书《再论积欠六事四事札子》，直到等来天子的"不论新旧，各种积欠一律宽免一年"的承诺才善罢甘休。

而另一边，凡是为民不利的政策，他全部罢除，不留一点情面。他还关注到扬州万花会的背后，奸商为牟取私利，压榨花农的情况，于是写了一篇《以乐害民》，以"以一笑乐为穷民之害"为由，取消了早已骂声一片的万花会。

东坡的善举，为他赢来了一片掌声，可在赞扬声中，却没有人听到他内心真正渴望的自由。他爱上了陶渊明的淡泊名利、超凡脱俗，"结庐在人境，而无车马喧"，"采菊东篱下，悠然见南山"。但是，陶渊明最终找到了自己的悠然南山，而东坡却无法一走了之，所以他说："我不如陶生，世事缠绵之。"

但他依旧好好生活，作词《江城子·墨云拖雨过西楼》一表他暂时放浪形骸、陶情风月的旷达情怀。

墨云拖雨过西楼。水东流，晚烟收。柳外残阳，回照动帘钩。今夜巫山真个好，花未落，酒新篘。

美人微笑转星眸。月花羞，捧金瓯。歌扇萦风，吹散一春愁。试问江南诸伴侣，谁似我，醉扬州。

第三十章

出走定州

元祐七年（1092）九月，皇帝成亲了，东坡晋升为直接为帝王的重大活动服务的卤簿使，要陪着少年天子郊祀祭天。

他带着身不由己的心情，兢兢业业地抨击腐化、败坏的行为。他抨击新任皇后和哲宗的亲姑姑魏国大长公主罔顾礼法，与天子争道；对高丽国使者以学习宋朝来提高本国经济与国力为由，提出购买如《史记》《三国志》《册府元龟》等史书之事，东坡以"文书积于高丽，而流于北虏，使敌人周知山川险要、边防利害，为患至大"来揭穿高丽的小人行径；即使被御史不断地弹劾，他仍坚持和吕希哲等忠君爱国的同僚一起校正、整理了一代贤相陆贽的《奏议》，帮助少年天子增长学识。

可是，朝臣对东坡的弹劾和诽谤从不间断，他一条条地反击，一遍遍地辩护，甚至一次次地请求离开朝廷政治中心，调到小地方任职，但太皇太后不允许，只是将弹劾他的同僚贬谪到偏远之地。

虽然事业上有太皇太后保驾护航，但命运却让东坡尝尽死别之痛。

元祐八年（1093）八月，一年中最热的时节，东坡没能寻找到自己的"悠然南山"，反而相继失去了相濡以沫二十五年的妻子王闰之，以及才刚嫁入苏家不久的二儿媳妇。

纵观东坡身边的女子，王闰之是最不起眼的一个。她没有贤内助王弗那般的睿智与才情，也没有红颜知己王朝云对东坡"唯有朝云知我"的那份懂得。可她却陪他在柴米油盐的灶火里颠沛流离，不离不弃。

世人只知道"十年生死两茫茫"那震人心魄的深情，却不知东坡在五十五岁时的春天，看着四十四岁的王闰之的睡颜，在《南乡子·有感》中那番毫不掩饰的告白。

冰雪透香肌。姑射仙人不似伊。濯锦江头新样锦，非宜。故著寻常淡薄衣。

暖日下重帏。春睡香凝索起迟。曼倩风流缘底事，当时。爱被西真唤作儿。

可是，这个永远站在身后默默注视着他的人，终究没能扛住病魔的折磨，没能等到与他白首偕老的那一天。

死别总能让人在一瞬间崩溃。曾经，东坡大步流星地走进王闰之的心里，王闰之亦小心翼翼地靠在东坡身边；现在，王闰之安静地离开了，东坡却只能悲痛地许下诺言："旅殡国门，我实少恩。惟有同穴，尚蹈此言。"

或许有时候，爱情并不是一道选择题，轰轰烈烈是爱，柴米油盐亦是爱，谁也不比谁高贵，只要爱过，不曾后悔过，以后的日子里，哪怕思念成灾，也愿意用余下的时光去想念。

东坡这样安慰自己，也同样如此安慰儿子苏迨。看着襁褓中嗷嗷待哺的婴儿，苏迨要比父亲更为悲戚。可是，东坡却什么也做不了，只能挣脱礼节辈分的束缚，亲自为儿媳妇撰写墓志铭——《祭迨妇欧阳氏文》，将她和王闰之的灵柩一起寄放在慧济寺里。

没有谁能跨越生与死的鸿沟，苏轼不能，太皇太后也不可以。

过去，魏晋南北朝时期频繁的"告代祭天"是改朝换代的标志；现在，天子祭祀，亦是心照不宣的亲政信号。成年了的宋哲宗，不愿再做傀儡皇帝，迫切地渴望独立，太皇太后也因此成了他的眼中钉。

也许最初的垂帘听政确实是无奈之举，但多年的掌权，要太皇太后一朝放下是不可能的，况且她的身后还有着一班唯她马首是瞻的臣子。

朝堂之上波谲云诡。元祐旧党依旧维持原状，事事朝太皇太后上奏，使得宋哲宗在朝堂之上无比憋闷屈辱。

而太皇太后却也真的病重垂危了。

所有人可能都没正视过，从小规行矩步的教育，让宋哲宗硬生生地变成了一个阴郁、逆反的桀骜少年。他指着病床上虚弱垂危的"女中尧舜"，声嘶力竭地控诉："这是我赵家的天下，凭什么你垂帘听政，让他们一个个都唯你马首是瞻！

"我贵为一国之君，凭什么我的母后不能做太后，却只能屈居于妃位！

"我年少意气，身为人皇，为什么不能凭我喜好挑选妃嫔？却要受你的摆布指使！"

垂危的太皇太后痛心疾首："我都是为了你好啊！"

"为了我好？"少年天子不怒反笑，"为了我好，就要扔了我父亲留给我的桌子吗？你明知道那是我最喜欢的！为了我好，不应该多听听我的意见吗？反而事事都要替我做决定，还要假惺惺地斥我沉默不语！明知道我崇拜父亲，却执意将父亲所有的过去全部否定，"他咬牙切齿道，"好一个'以母改子'啊！"

但纵使他闹到如此地步，太皇太后临终前仍教诲他："先帝追悔往事，至于泣下，此事官家宜深知之。老身没后，必多有调戏官家者，宜勿听。"

可他怎么会听？他甚至想要废掉她！

太皇太后垂帘听政这么多年，最懂得一朝天子一朝臣的道理。所以，她在弥留之际，提醒追随她的"元祐党人"："公等亦宜早退，令官家别用一番人。"又安排东坡以端明殿学士、翰林侍读学士充河北西路安抚使兼马步军都总管知定州军州事，算是对他最后的庇护。

这年九月，太皇太后薨。

与东坡曾经驻守过的地方不同，定州与辽国相邻，作为"九州咽喉地，神京扼要区"的边陲重地，宋真宗曾花费五十四年在此建筑了一座高达十一层的开元寺塔。明面上是宣扬佛教文化，其实是为了掩盖它的真实作用——用来勘探辽国敌情的军事瞭望塔。

宋真宗曾想御驾亲征，以求边境长治久安，但最终却与儿子宋仁宗以四十万两的"助军旅之费"和三十万匹绢，获得了暂时的宁静。此后，两国频繁贸易往来，一片热闹祥和。

但人在安逸的生活里待久了，就会丧失忧患意识。

定州每年的军费高达三千万，但呈现在初来乍到的东坡眼里的，却是糜烂而又腐败的风气。

破烂不堪的军营，铺满了锈灰的兵器，横行霸道的兵痞……

守岗的士兵也无比懈怠，擅离职守的、东倒西歪的、聚众吹牛的……

更有偷奸耍滑者，在军营中开起了酒馆和赌场，放起了高利贷，赚得盆满钵满……

因为定州地处边塞，百姓需要将领军队保卫城池，所以当地知府文官压根不敢和军事首领硬碰硬，以至于军官们沆瀣一气，贪污军饷，欺上瞒下，甚至克扣士兵份例。但凡问起就是"吃不饱，穿不暖，养不起家小，心已如死灰，哪里还有热血保家卫国"。

这些埋怨声传到东坡耳里，他愤怒至极，当即就将那贪污且不知悔过的军官发配到荒蛮的边疆去了，随后又拿出军费补发工资、修缮营房、提高伙食等，严令禁止聚众赌博、饮酒。

这一番整治下来，人人噤若寒蝉。谁也没想到，这位名满天下的大家文人，原来还有遮掩不住的王霸之气。但东坡的整改远不止此，他看穿了用钱买来的长治久安最不靠谱，也知道"澶渊之盟"后，宋辽间脆弱的友谊根本经不起再一次的考验，他不敢以敌人的仁慈，赌国家的命运。

于是，带着"今年中山去，白首归无期"的决绝，东坡以以往从未有过的雷霆手段，大刀阔斧地重塑兵威，整顿军纪。

可是，声势浩大的军事训练可能会挑动辽国的敏感神经，东坡遵循"从严治军，重在日常"的训练准则，同时为了点燃这批人的军魂，又连上两道札子，希望恢复"弓箭社"，可惜都杳无音信。于是只能把精力放在国防军的操练上，并于第二年春开展大阅兵仪式。定州百姓见此连声感慨："自韩琦去后，不见此礼至今矣。"

无法再过奢靡生活的人不是没有反抗，但都被东坡一一化解。阅兵之礼当日，副军总管王光祖就以病痛为由拒不出席，东坡便亲自上门"问候"，将王光祖从床上提了起来，让他不得不接受现实。

东坡在重振军威的同时，还不忘发展经济。

灾荒时，开仓放粮，免除苛捐杂税；开垦荒地，引进稻谷，为劳苦的农人填词谱写"稻秧歌"——"水上白鹤惊飞处，稻禾千重尽秧歌"；他还发明了熏肉，将做法记录在册，教给府衙的王大厨，大厨将它发扬光大，经过一代代的传承，成为定州有名的特产；他还在文庙前院亲手种下了两棵槐树……

东坡逐渐适应了定州的生活，但闲暇之余，他依旧思念家乡，想念弟弟苏辙。看到家里做糕饼的模具好看，就差人快马送给弟弟一套，不忘告诉弟弟："寄君东阁闲蒸栗，知我空堂坐画灰。约束家僮好收拾，故山梨枣待翁来。"眼看快到弟弟的生日了，算好日子，又是差人送礼物又是写信抒发思念之情："尔来白发不可耘，问君何时返乡枌？"

然而，东坡没能等到让他退休回家的诏令，却等来了弟弟苏辙被贬汝州的消息。

其实风雨来前，早有征兆。

哲宗亲政的第二天，就将从前在神宗身边当职，却被太皇太后遣走的宦官们恢复了原职；东坡从京师出走的那天，哲宗甚至不顾礼制，拒绝与其面辞。

当时，东坡只能将忧心与冀望转述成文字，留下一封长书：

天下治乱，出于下情之通塞。至治之极，小民皆能自通；迨于大乱，虽近臣不能自达。陛下临御九年，除执政、台谏外，未尝与群臣接。今听政之初，当以通下情、除壅蔽为急务。臣日侍帷幄，方当戍边，顾不得一见而行，况疏远小臣欲求自通，难矣。然臣不敢以不得对之故，不效愚忠。古之圣人将有为也，必先处晦而观明，处静而观动，则万物之情，毕陈于前。陛下圣智绝人，春秋鼎盛。臣愿虚心循理，一切未有所为，默观庶事之利害，与群臣之邪正。以三年为期，俟得其实，然后应物而作。使既作之后，天下无恨，陛下亦无悔。由此观之，陛下之有为，惟忧太蚤，不患稍迟，亦已明矣。臣恐急进好利之臣，辄劝陛下轻有改变，故进此说，敢望陛下留神，社稷宗庙之福，天下幸甚。

第三十一章

溘然长逝

脱离了束缚的哲宗赵煦，就像脱缰的野马，在属于自己的皇权下，自由地奔驰。

亲政第二年，哲宗改换年号为"绍圣"，阐明自己的绍述思想——继承神宗的遗志，恢复新法，继续改革之道。对于反对他的元祐旧党，统统将他们发配到寸草不生的荒蛮之地；召回曾经被贬的新法的拥趸，重用以章惇和曾布为首的改革派，恢复神宗朝时的保甲法、免役法以及青苗法等法令。

作为旧党之一，东坡又成了新法拥趸者口诛笔伐的对象，他起草的诏令的文辞，三番两次地被挖出来作为讥讽、斥责先朝的证据。而这背后，少不了章惇的有意为难。章惇视东坡为死敌，利用新获得的宰相职权，将他连连降级。看着东坡从英州的地方官，最终被流放到岭南，做了一个没有实权的戴罪贬官，章惇仍不解气，他不许沿途官员善待东坡，一经发现，严惩不贷。

作为元祐旧臣，东坡太清楚新派当政后的一系列手段。重要的从来不是真相，而是掌权的人是否愿意相信。显然，与他料想的一样。只是最让他寒心的，是曾经可以一起乱涂乱画的朋友，如今却变成了处处看他不顺眼的死敌。

　　"子瞻谪岭南，时宰欲杀之。"连黄庭坚都看得出来，已近耳顺之年的东坡，又怎么可能毫无所觉呢？

　　在赶往惠州的路上，东坡绕路到汝州，找弟弟借了一笔钱，留给陪在身边的三个儿子，他已经做好了有去无回的准备。

　　朝云岂会不知他的用意？她固执地决定跟随着他长途跋涉，翻山越岭，寸步不离。

　　在惠州的日子，东坡常常半夜里醒来便再也睡不着，爬楼登高，残月一望就是整晚："可怜人与月，夜夜江楼下。"和朋友游西湖，喝醉了，他借着酒意感叹："梦想平生消未尽，满林烟月到西湖。"独自漫游栖禅山，步行到栖禅寺里，僧人全都睡了，只留下他在空荡荡的寺院里独享孤独："风松独不静，送我作鼓吹。"

　　朝云怕他心里苦闷，常常为他唱歌解闷。

　　花褪残红青杏小。燕子飞时，绿水人家绕。枝上柳绵吹又少，天涯何处无芳草？

　　墙里秋千墙外道。墙外行人，墙里佳人笑。笑渐不闻声渐悄，多情却被无情恼。

　　这首《蝶恋花·春景》是东坡伤春的作品，可作为他的红颜知己，朝云太懂他的"多情"与"无情"，于是每每才启唇开唱，便泪水涟涟。

东坡疑惑地问："不是要唱歌吗？怎么哭成这样？"

朝云委屈地说："妾所不能竟者，'天涯何处无芳草'句也。"

这份坚贞与懂得，东坡心知肚明。在读到白居易的"春随樊子一时归"时，他写下《朝云》一诗：

> 不似杨枝别乐天，恰如通德伴伶玄。
> 阿奴络秀不同老，天女维摩总解禅。
> 经卷药炉新活计，舞衫歌扇旧因缘。
> 丹成逐我三山去，不作巫阳云雨仙。

朝云深谙东坡的脾性，有时东坡见景生情，朝云倒先感伤起来，于是，东坡还得反过来安慰这个小他二十五岁的红颜知己："我正悲秋呢，你怎么又倒回去伤春了呢？"随手摘下一颗荔枝，剥了皮，递给她，"惠州也是个不错的地方，风景宜人，这合江楼住得也舒服。"他在《惠州一绝》中说：

> 罗浮山下四时春，卢橘杨梅次第新。
> 日啖荔枝三百颗，不辞长作岭南人。

惠州是挺不错的，每天都能吃到新鲜的枇杷和黄梅。

可他终究不是陶渊明。他始终不改悲天悯人的赤子之心：
"仕宦岂不荣？有时缠忧悲。所以靖节翁，服此黔娄衣。"
熬过了最初南北差异带来的不适应，他日复一日地在岭南的
风土人情里，逐渐淡然，慢慢坦然，最终能大笑着与没能护
好姐姐"八娘"的程之才冰释前嫌，为体恤民生的程之才
出谋划策：治理惠州西湖，解决漕运之难，修建便民的东江
大桥……

他把积蓄拿出来，起房子，盖屋子，写信叫儿子们拖家
带口跋涉而来，一副要在惠州终老的姿态。

> 白头萧散满霜风，小阁藤床寄病容。
> 报道先生春睡美，道人轻打五更钟。

《纵笔》中这副"春睡美"的闲情逸致，传到章惇等人
的耳里，非但美意全无，反而讽刺至极。

于是在接到"琼州别驾"的诏令时，东坡大抵想象得
出章惇得知自己在惠州过得如鱼得水后的气急败坏：贬你到
岭南，让你只能领半薪，是让你受苦的，结果你反倒春风得
意，过起了悠闲的好日子！

只能苦笑。看不得你过好日子的人，自然会千方百计揪
出你的错，却从来看不到你也有悲痛的时候，也从来不想看
到你的苦中作乐。

而那个始终不离不弃的红颜知己，死在了绍圣三年（1096）的夏天。从此，东坡失去了最后的精神慰藉，于绍圣四年（1097）六月十一日，拖着"首当作棺，次便作墓"的决绝，踏上了当时非人所居的南荒——儋州。

儋州位处宋朝版图最南面，酷热得像是炉灶上的蒸笼，四周又环海，因此潮湿闷热，而且地广人稀，语言不通。

东坡顶着虚衔，不仅没有一丁点实权，还不能签书公事，不能吃官粮，不能住官舍。昌化军史张中不顾个人安危，执意将东坡安置在官舍居住，最终落得个丢官的结果。

没有了庇护，流落街头的东坡自称过的是"食无肉，病无药，居无室，出无友，冬无炭，夏无寒泉"的贫苦生活，唯一欣慰的只是执拗的小儿子一路相随。

但当务之急，是得有一个不会被任何人随意赶出去的家。毕竟没有房子的"南漂"，是无根的浮萍。东坡掏出所剩无几的积蓄，雇了几个农夫，在城南桃榔林建了几间草屋，并为新居起名"桃榔庵"。屋虽简陋，但东坡还收养了一个看家护院的保镖——乌喙。"乌喙本海獒，幸我为之主。食余已瓠肥，终不忧鼎俎。"他笑言自己护住"乌喙"没被当作食物吃掉，没说出口的却是"乌喙"排遣了他的孤单与寂寞。

他常常戴着自己亲手用椰子壳改装的防晒帽——"椰子帽"，一手牵着"乌喙"，一手抱着椰子，走屋串田。在桃榔树下，听庄稼人讲鬼故事；与田间老妇探讨"世事如梦"的人生哲理；逗弄口嚼槟榔的送饭农妇，反被教育祸从口出……

儋州地处偏僻，"汉魏六朝至唐及五代，文化未开"，儋州人淳朴却又"野蛮"。宋真宗赵恒描绘的"书中自有黄金屋"和"书中自有颜如玉"的美好生活，并未吹到被浪潮围剿的海岛。

明明自己过得不尽如人意，却偏偏见不得人间疾苦。东坡为儋州百姓殚精竭虑。

东坡劝导文明用餐，规劝吃熏老鼠、烤蝙蝠等野蛮行径，在他的奇思妙想下，浊水蒸煮便能果腹的生蚝变成了舌尖上的盛宴；他还发展农业，种植水稻，指点凿井挖水，让儋州人喝上了干净的水，减少了患病的概率；又拆穿巫医的把戏，破除迷信思想，教授儋耳人辨识草药，分门别类地整理、校订药物种类；发现猎者居多，又教化他们放下弓弩，拿起笔，捧起书。

为了大力发展教育，东坡决定开课授学。许多学子从外地涌来，这是儋州人无法理解的盛况，儋州可不兴文气书生。东坡见此情景，不厌其烦地走家串户弘扬文化思想，描绘美景蓝图。

教材自己编，墨自己制，课也免费上，终于引来了儋州人的兴趣。从天文地理讲到经史百家，再从耕织酿造讲到应试技巧，或引经据典，或"编造"典故，终于为海岛培养出了如姜唐佐、符确等士人。

《琼台纪事录》给予了东坡最高的评价："宋苏文公之谪儋耳，讲学明道，教化日兴。琼州人文之盛，实自公启之。"后来，他的学生姜唐佐放弃了人人艳羡的功名利禄，回到儋州，为家乡的教育事业贡献出了整个人生。

万物总是在不经意间互相成全。在辽阔的荒芜之地，东坡也找到了似曾相识的归属感："我本儋耳人，寄生西蜀州。"

这座荒凉而又孤寂的岛屿，治愈了所有的不如意。东坡本是抱着必死的决心而来的，反而爱上了这座岛，爱上了这片如旭日东升般的土地。在《减字木兰花·立春》中，他盛赞：

春牛春杖，无限春风来海上。便丐春工，染得桃红似肉红。

春幡春胜，一阵春风吹酒醒。不似天涯，卷起杨花似雪花。

所以，身葬他处又如何？惠州也好，儋州也罢，他从不曾后悔。"九死南荒吾不恨，兹游奇绝冠平生。"

元符三年（1100），年仅二十五岁的宋哲宗赵煦驾崩了。东坡没想到，因为哲宗身后无子，所以由他的弟弟宋徽宗赵佶继位，更没想到，赵佶身边的大红人，竟是自己从前的幕僚高俅。

高俅虽出身市井，但能文能武，写得一手好字，最重要的是，他具有官场投机分子必备的一流的察言观色的能力，以及讨上司欢心的本事。

东坡在太皇太后去世后，离开京师前，将满怀抱负的高俅推荐给了好朋友王诜。而后，他因为一把"篦子刀"从王诜身边走到了不受待见却好玩、爱美的赵佶的端王府，又因一脚漂亮的蹴鞠技术，走进了端王的心里。

高俅大奸大恶，得宠后做尽坏事，倒是没忘记东坡对他的提携之恩。

在高俅的劝谏下，东坡在有生之年，等到了北归的希望。虽然仍不能签书公事，但事情总算是向好的方向发展了。

六月二十日的夜里，东坡渡海归来，在海风里飘摇的时候，他的喜悦是抑制不住的："云散月明谁点缀？天容海色本澄清。空余鲁叟乘桴意，粗识轩辕奏乐声。"

北归的途中，遇到了米芾，他可以开心地大笑，在米芾的画室里流连忘返；听闻了秦观的死耗，又悲痛大哭，说"少游已矣，虽万人何赎"。但为了不连累弟弟，他放弃了一直想与弟弟"夜雨对床"的约定。

还未抵达目的地，东坡的身体却承受不住了。五月的微感不适，到七月发展成了缠绵病榻。眉州早已没有了家，而雪堂，是他回不去的远方。他只能留在常州，这个他曾经一度想归隐的田园。

建中靖国元年（1101）七月二十八日，东坡在弥留之际，和人间做着最后的告别。他忍受着病痛的折磨，一遍遍地安慰儿子们："吾生无恶，死必不坠。"

在细细弱弱的啜泣里，僧人维林大声地提醒："端明宜勿忘西方。"

好友也趴在病榻前，忍着悲痛一遍遍嘱咐："固先生平时履践至此，更须着力。"

东坡气若游丝，却坦然道："着力即差。"

悲痛欲绝的眼泪和声嘶力竭的哭喊昭示着东坡已逝，这个说着"宠辱能几何，悲欢浩无垠。回视人间世，了无一事真"的文人豪客，结束了自己跌宕起伏的一生，享年六十六岁。

从立志要成为范滂一样刚正不阿的贤士起，不管是荣耀加身时的荣华富贵，还是跌至谷底时的颠沛流离，他始终昂着头，小心翼翼地保护着那份初心，直至生命的终点，他用一首《自题金山画像》，为自己写就了一生的注解。

> 心似已灰之木，
> 身如不系之舟。
> 问汝平生功业，
> 黄州惠州儋州。

大抵，终其一生，他所有的不合时宜，都只是为了坚守内心的正义吧。